Denis Alcides Rezende

Organizational Business Intelligence
e *Software Business Intelligence*:
guia para projeto de inteligência
organizacional como modelo
de gestão de organizações privadas
e públicas

Rua Clara Vendramin, 58 . Mossunguê
Cep 81200-170 . Curitiba . PR . Brasil
Fone: (41) 2106-4170
www.intersaberes.com
editora@intersaberes.com

Conselho editorial
Dr. Alexandre Coutinho Pagliarini
Drª. Elena Godoy
Dr. Neri dos Santos
Mª. Maria Lúcia Prado Sabatella

Editora-chefe
Lindsay Azambuja

Gerente editorial
Ariadne Nunes Wenger

Assistente editorial
Daniela Viroli Pereira Pinto

Edição de texto
Caroline Rabelo Gomes
Letra & Língua Ltda. – ME

Capa e projeto gráfico
Charles L. da Silva

Diagramação
Querido Design

Designer responsável
Sílvio Gabriel Spannenberg

Iconografia
Regina Claudia Cruz Prestes

Dados Internacionais de Catalogação na Publicação (CIP)
(Câmara Brasileira do Livro, SP, Brasil)

Rezende, Denis Alcides
   Organizational business intelligence e software business intelligence : guia para projeto de inteligência organizacional como modelo de gestão de organizações privadas e públicas / Denis Alcides Rezende. -- Curitiba, PR : Intersaberes, 2024.

   Bibliografia.
   ISBN 978-85-227-1264-9

   1. Business intelligence 2. Inteligência organizacional 3. Projetos – Planejamento I. Título.

24-188968   CDD-658.4038

Índices para catálogo sistemático:
1. Business intelligence : Administração de empresas   658.4038
Tábata Alves da Silva – Bibliotecária – CRB-8/9253

1ª edição, 2024.

Foi feito o depósito legal.

Informamos que é de inteira responsabilidade do autor a emissão de conceitos.

Nenhuma parte desta publicação poderá ser reproduzida por qualquer meio ou forma sem a prévia autorização da Editora InterSaberes.

A violação dos direitos autorais é crime estabelecido na Lei n. 9.610/1998 e punido pelo art. 184 do Código Penal.

Sumário

Apresentação **7**

Capítulo 1
Premissas da inteligência organizacional 9
1.1 Administração estratégica e pensamento estratégico **10**
1.2 Informação e conhecimento **12**
1.3 Funções organizacionais privadas ou públicas **14**
1.4 Empreendedorismo e liderança **17**
1.5 Gestão, gestão privada e gestão pública **20**
1.6 Modelos de gestão e gestão estratégica **22**
1.7 Gestão de projetos **25**
1.8 Planejamento pessoal, familiar e profissional **31**

Capítulo 2
Conceito, modelo e metodologia de inteligência organizacional 33
2.1 Conceito de inteligência organizacional **34**
2.2 Outras abordagens sobre inteligência organizacional **37**
2.3 Modelo de inteligência organizacional **39**
2.4 Metodologia e projeto de inteligência organizacional **46**

Capítulo 3
Projeto de inteligência organizacional 53
3.1 Fase 0 – Organizar o projeto de inteligência organizacional **53**
3.2 Fase 1 – Diagnosticar a organização e os subprojetos de inteligência organizacional **69**
3.3 Fase 2 – Propor subprojetos de inteligência organizacional **76**
3.4 Fase 3 – Realizar subprojetos de inteligência organizacional **78**

Capítulo 4
Projeto de *software* Business Intelligence 83

4.1 Informação nas organizações e *software* de *Business Intelligence* **83**

4.2 Sistemas de informação e *software* de *Business Intelligence* **90**

4.3 Classificações de sistemas de informação e *software* de *Business Intelligence* **94**

4.4 Modelos de sistemas de informação para projeto de *software* de *Business Intelligence* **99**

4.5 Modelo de informações organizacionais para projeto de *software* de *Business Intelligence* **109**

Capítulo 5
Gestão da inteligência organizacional 119

5.1 Implantação do projeto de inteligência organizacional **121**

5.2 Execução do projeto de inteligência organizacional **127**

Referências **137**

Sobre o autor **141**

A que amo e a quem amo.
A meus mestres, amigos, colegas,
orientandos, alunos e clientes.

Apresentação

A inteligência organizacional é um projeto, posterior processo dinâmico, sistêmico, coletivo, participativo e contínuo para a determinação de um modelo de gestão de organizações diferentes do convencional, do simples e do básico, ou seja, organizações inteligentes.

O livro apresenta uma metodologia com fases, subfases e produtos para elaboração do Projeto de Inteligência Organizacional (*Organizational Business Intelligence* – OBI) como modelo de gestão para empresas privadas, organizações públicas, governos, cidades, organizações não governamentais e outras instituições.

O modelo criado em 2002 tem como conceito original que a inteligência organizacional é o somatório de inovação, criatividade, qualidade, produtividade, efetividade, perenidade, rentabilidade, modernidade, inteligência competitiva e gestão do conhecimento. Assim, as organizações são inteligentes quando aplicam tais conceitos de maneira participativa, efetiva e integrada, adicionando os respectivos planejamentos de estratégias, informações, conhecimentos, sistemas de informações, tecnologia da informação, recursos humanos e processos organizacionais.

Apresenta também conceitos, modelos e exemplos para a elaboração do Projeto de *Software Business Intelligence* (BI) como um subprojeto da organização inteligente.

Nesta obra, é transcrita grande parte da experiência do autor com projetos de inteligência organizacional adquirida em pesquisas acadêmicas, sala de aula e trabalhos de consultoria em diferentes organizações privadas e públicas no Brasil e em outros países.

Esta obra destina-se às disciplinas dos cursos sequenciais, de graduação e pós-graduação, em Inteligência Organizacional, Inteligência Empresarial, Projeto de *Software Business Intelligence* (BI), **Planejamento Estratégico, Empreendedorismo, Introdução à Administração, Administração Pública e Gestão de Organizações Privadas e Públicas.**

Capítulo 1

Premissas da inteligência organizacional

ANTES DE a organização elaborar um projeto de inteligência em organizações privadas ou públicas, algumas premissas e determinados conceitos devem ser pesquisados, entendidos, discutidos e disseminados, incluindo as diferentes abordagens do Projeto de Inteligência Organizacional (*Organizational Business Intelligence* – OBI) e do projeto de *software* de *Business Intelligence* (BI).

Para as organizações privadas, tais premissas e conceitos devem levar em conta o negócio e o sucesso de seus produtos ou serviços. Para as organizações públicas, essas premissas e esses conceitos devem ponderar sua atividade e o êxito de seus serviços, considerando as legislações pertinentes, os serviços públicos ofertados, as questões sociais e a qualidade de vida dos cidadãos (Rezende, 2015).

Os conceitos e as aplicações dessas premissas são fundamentais para a elaboração do projeto de inteligência organizacional.

1.1 Administração estratégica e pensamento estratégico

Não só as funções da administração (planejamento, organização, direção e controle) devem ser consideradas em um projeto de inteligência organizacional. A administração estratégica também deve ser entendida e vivenciada em sua elaboração. Em algumas literaturas e organizações, a palavra *direção* também tem sido substituída por *liderança* e por *gestão*.

Administração estratégica é um termo mais amplo que abrange não só a gestão de suas partes ou estágios, mas também os detalhes e as discussões que antecedem a elaboração de um projeto de inteligência organizacional (Wright; Kroll; Parnell, 2000). A administração estratégica é um processo contínuo e iterativo que visa manter uma organização como um conjunto apropriadamente integrado a seu ambiente. Acentua que os gestores se dediquem a uma série de etapas ou a um processo contínuo. O termo *iterativo* indica que as etapas são repetidas ciclicamente. Os ambientes organizacionais mudam constantemente, e as organizações devem se transformar de maneira adequada para assegurar que as metas organizacionais possam ser alcançadas (Certo; Peter, 1993).

São cinco as etapas desse processo com relação ao sistema de administração estratégica: analisar o ambiente (monitorar o meio ambiente interno e externo da organização, para identificar seus riscos ou ameaças, oportunidades, fraquezas e forças); estabelecer a diretriz organizacional (determinar a meta da organização, juntamente da missão e dos objetivos); formular estratégias (definir como as ações organizacionais alcançarão seus objetivos); implementar estratégias (colocar em ação as estratégias desenvolvidas); elaborar o controle estratégico (monitorar e avaliar todo o processo para melhorá-lo e assegurar um funcionamento adequado, inclusive com sistemas de informações) (Certo; Peter, 1993; Mintzberg; Ahlstrand; Lampel, 2000).

Atualmente, podem ser destacados os seguintes instrumentos estratégicos para as organizações: planejamento estratégico organizacional; planejamento estratégico de informações (antigo plano diretor de informática, atual planejamento estratégico de sistemas de informação e da tecnologia da informação); modelo de informações organizacionais e mapas de conhecimentos; metodologia para desenvolvimento de projetos; instrumento ou técnica de gestão de projetos; normas e padrões técnico-operacionais; manuais e documentações.

O pensamento estratégico é a arte de criar estratégias com efetividade. Pensar estrategicamente e agir operacionalmente significam dominar o presente e conquistar o futuro. Visam superar os adversários, sabendo que eles estão tentando fazer a mesma coisa a que a organização ou que seus gestores se propõem.

O raciocínio estratégico inteligente em diferentes contextos continua sendo uma arte. O pensamento estratégico está fundamentado nas premissas da estratégia e na ciência da administração. Está relacionado com intenções empreendedoras e criativas sobre uma organização e seu ambiente, por meio de atitudes de pensar nas atuações futuras das organizações (Mintzberg; Ahlstrand; Lampel, 2000).

A ciência do pensamento estratégico chama-se *teoria dos jogos*. Os jogos, nessa teoria, vão desde xadrez até criar filhos, de tênis à transferência de controle acionário de uma organização, de propaganda a controle de armas. Todos os gestores precisam pensar estrategicamente tanto no trabalho quanto em casa. Gestores de organizações precisam usar boas estratégias de competição para vencer. Políticos precisam criar estratégias de campanha para ser eleitos e, mais tarde, estratégias legislativas para implantar suas ideais. Técnicos de futebol planejam estratégias para seus jogadores executarem em campo. Pais que tentam estimular o bom comportamento dos filhos precisam tornar-se estrategistas amadores (Dixit; Nalebuff, 1994).

Nenhum projeto terá sustentação se os gestores responsáveis pelas decisões da organização não tiverem um pensamento estratégico. Quando os gestores estiverem pensando estrategicamente, será necessário que tenham raciocínio do geral para o particular e depois vice-versa. O raciocínio estratégico pressupõe todo um "sexto sentido" para se diferenciar dos gestores com pensamento estratégico comum (Oliveira, 1999).

É comum ouvir dizer que a necessidade de pensar estrategicamente é das grandes organizações, porque as pequenas, mais empreendedoras, poderiam buscar outras rotas de crescimento. Na prática, isso não é verdade, pois os pequenos negócios não podem contar com a inércia do mercado para sobreviver porque, ao contrário dos grandes, não chegam ao sucesso pela força bruta, com investimentos pesados e uma inesgotável fonte de recursos. As pequenas organizações têm de se valer do ambiente competitivo e, por isso, precisam atuar de maneira clara, com objetivos bem definidos e balizadas em posições que possam ser defendidas. Isso é estratégia. Pensar estrategicamente implica primeiramente analisar o próprio negócio (Porter, 1990).

Com a prática do xadrez, a estratégia é constituída por aspectos posicionais e comportamentais (psicológicos, sociológicos e antropológicos). Muitos enxadristas denominam o estilo de jogo em que predominam as estratégias como "jogo posicional". Há uma orientação para se pensar estrategicamente enquanto se aguarda o lance do adversário e se pensar tática e operacionalmente quando é a vez de fazer o lance (Moura, 1998).

O desconhecimento ou a desconsideração dos conceitos e das aplicações da administração estratégica e do pensamento estratégico prejudicam a elaboração e a gestão do projeto de inteligência organizacional.

1.2 Informação e conhecimento

A informação é um recurso essencial e necessário para um projeto de inteligência organizacional, pois sem informação não será possível elaborar, gerir e implementar esse projeto.

Toda informação tem sua origem nos dados. O dado é um conjunto de letras, números ou dígitos que, tomado isoladamente, não transmite nenhum conhecimento, ou seja, não contém um significado claro. Pode ser entendido como um elemento da informação. Pode ser definido como algo depositado ou armazenado. Como exemplos, podem ser citados: 5; maio; valor; xyz.

Para conceituação inicial, a informação é todo o dado trabalhado ou tratado. Pode ser entendida como um dado com valor significativo atribuído ou agregado a ele e com um sentido natural e lógico para quem usa a informação. É definida como algo útil para as decisões. Como exemplos, podem ser citados: nome do cliente; tipo de cliente (AL123, BB123; XYZ123); cor do automóvel; número de equipamentos; data de nascimento; valor do saldo bancário.

Para que sejam úteis para as decisões, as informações devem conter as seguintes características ou premissas: conteúdo único; exigem mais de duas palavras; sem generalizações; não são abstratas; sem verbos; e ainda, são diferentes de documentos, programas, *software*s, arquivos ou correlatos (ver Seção 4.1).

Quando a informação é "trabalhada" por pessoas e pelos recursos computacionais, possibilitando a geração de cenários, simulações e oportunidades, pode ser chamada de *conhecimento*. O conceito de conhecimento complementa o de informação com valor relevante e propósito definido. É tácito e pode ser definido como *percepções humanas*. Para alguns pesquisadores, o conhecimento também é aceito como inferências computacionais. Como exemplos, podem ser citados: percepção da dificuldade de reversão de prejuízo futuro de uma atividade da organização ou de um produto ou serviço; práticas que podem ser utilizadas em virtude do cenário atual, com base em experiências semelhantes anteriores; concepção de quais equipamentos, materiais e pessoas são vitais para um serviço; entendimentos de quais contratos podem ser negociados, visando à adequação à realidade de uma atividade.

Os dados, as informações e os conhecimentos não podem ser confundidos com decisões (atos mentais, pensamentos), com ações (atos físicos, execuções) ou com processos ou procedimentos ou documentos. Como exemplos, podem ser citadas: ir ao banco; somar os valores; calcular os juros; pagar a conta. Observa-se que um verbo no infinitivo é sempre necessário para caracterizar uma decisão ou ação ou processo.

A informação e seus respectivos sistemas desempenham funções fundamentais e estratégicas nas organizações. Nesse sentido, as informações personalizadas e oportunas devem ser entendidas, discutidas e utilizadas no projeto de inteligência organizacional. Para tanto, devem ser elaborados os modelos de informações organizacionais e os mapas de conhecimentos organizacionais (ver Capítulo 4).

Nas organizações inteligentes, procura-se inverter o conceito convencional de que dados geram informações e posteriormente conhecimentos. Muda-se o raciocínio para, a partir dos conhecimentos das pessoas, elaborar os mapas de conhecimentos que serão convertidos em informações por meio dos modelos de informações e posteriormente arquivados em dados. A partir dos dados arquivados, as informações e os conhecimentos são compartilhados nas organizações por meio dos recursos da tecnologia da informação.

As informações também podem ser organizadas por meio dos sistemas de informação. Os conhecimentos também podem ser organizados por meio dos sistemas de conhecimentos. A gestão do conhecimento está relacionada com o compartilhamento das melhores práticas da organização (Rezende, 2013).

1.3 Funções organizacionais privadas ou públicas

As macroatividades presentes em todas as organizações para seu funcionamento integrado e efetivo são chamadas de *funções organizacionais*. Nas organizações privadas, também são chamadas de *funções empresariais*, e nas organizações públicas, também são chamadas de *funções públicas* (Rezende, 2015). Nos governos federal e estadual, também podem ser chamadas de *temáticas governamentais*. Nas cidades, também são chamadas de *temáticas municipais*.

Não são unidades departamentais ou setores da organização. Cada uma dessas funções é desmembrada em módulos ou subsistemas, os quais podem se apresentar de maneira diferente de organização para organização, pois cada uma tem cultura, filosofia e políticas próprias. Em cada organização, esses módulos podem estar representados de várias formas e em diversos tipos de organogramas ou diagramas.

São seis as funções organizacionais: produção ou serviços; comercial ou *marketing*; materiais ou logística; financeira; recursos humanos; e jurídico-legal. Essas funções devem ser integradas na organização tanto para seu funcionamento quanto para o planejamento. As funções organizacionais produção ou serviços e comercial ou *marketing* são consideradas primárias ou essenciais, e as demais são as secundárias, porém, não menos importantes.

A função organizacional "produção ou serviços" pode conter os seguintes módulos ou subsistemas ou subfunções: planejamento e controle de produção ou serviços; pesquisa, desenvolvimento e engenharia do produto ou serviços ou projetos; sistemas de qualidade e produtividade; custos de produção ou serviços; monitoração, manutenção de equipamentos, produtos ou serviços.

Quando a organização privada é uma indústria, os módulos estão focados no chão de fábrica: planejamento e controle de produção industrial (PCP); engenharia de produtos industriais; sistemas de qualidade industrial; custos de produção industrial; e manutenção de equipamentos industriais. No entanto, a função produção ou serviços e seus módulos também podem ser focados e adequados ao principal produto ou serviço de uma organização. Como exemplo, um negócio hoteleiro teria planejamento e controle de hóspedes, juntamente dos serviços ou módulos de reserva, recepção (*check-in* e *check-out*) e gestão de clientes consumidores e *prospects* ou potenciais. No caso de um negócio escolar, os módulos seriam equivalentes aos de matrícula, distribuição das salas, avaliações, registros acadêmicos de alunos, professores e disciplinas. Em outros casos, os serviços seriam adequados aos respectivos módulos, tais como combustíveis, remédios, locações, estacionamento, diversão, entre outros.

Nas organizações públicas, a função produção ou serviços pode ser chamada de *serviços públicos*, sejam serviços específicos ou de governos (federal, estadual e municipal). E pode ser subdividida, por exemplo, em: atendimento ao cidadão; arrecadação; fiscalização; normatização; relações institucionais; e outros serviços.

Na esfera pública, essa função pode conter os seguintes módulos: agricultura; ciência e tecnologia; comércio; cultura; educação; esporte; habitação; indústria; infraestrutura; lazer; meio ambiente; mobilidade; rural; saúde; segurança; serviços; social; transporte; turismo; urbana; entre outros (Rezende, 2012).

A função organizacional comercial ou *marketing* pode conter os seguintes módulos ou subsistemas ou subfunções: planejamento e gestão de *marketing*; clientes, consumidores e *prospects* ou potenciais; vendas; faturamento; contratos e distribuição; pesquisas e estatísticas; exportação.

Nas organizações públicas, a função comercial ou *marketing* pode ser chamada de *divulgação ou comunicação pública* e pode ser subdividida em: divulgação ou comunicação de informações públicas; sistema de imagem institucional; planejamento e gestão de marketing público; gestão de cidadãos; projetos de *marketing* social; gestão de contratos públicos ou de parcerias público-privadas; pesquisas e estatísticas.

A função organizacional materiais ou logística pode conter os seguintes módulos ou subsistemas ou subfunções: fornecedores; compras ou suprimentos; estoque; recepção e expedição de materiais; importação.

Nas organizações públicas, a licitação pode fazer parte da função organizacional materiais ou logística.

A **função organizacional financeira pode conter os seguintes módulos ou subsistemas ou subfunções**: contas a pagar; contas a receber; movimentos bancários; fluxo de caixa; orçamentos; gestão do capital.

Nas organizações públicas, a arrecadação, os repasses financeiros, o plano plurianual e os orçamentos públicos podem fazer parte da função organizacional financeira.

A função organizacional recursos humanos pode conter os seguintes módulos ou subsistemas ou subfunções: recrutamento e seleção; administração de pessoal (admissão, demissão e férias); folha de pagamento; cargos e salários; treinamento e desenvolvimento (capacitação); benefícios e assistência social; segurança e medicina do trabalho.

Nas organizações públicas, os concursos e os cargos de confiança podem fazer parte da função organizacional recursos humanos.

A função organizacional jurídico-legal pode conter os seguintes módulos ou subsistemas ou subfunções: contabilidade; ativo fixo ou patrimônio; impostos e recolhimentos; livros fiscais de entrada e saída.

Nas organizações públicas, a contabilidade pública ou governamental pode fazer parte da função organizacional jurídico-legal.

Todos os projetos organizacionais, incluindo o projeto de inteligência organizacional, devem ser elaborados com foco nas funções organizacionais, e nunca com base no organograma, independentemente do tipo ou tamanho da organização e do número de departamentos, de cargos ou de pessoas. Um componente do organograma da organização pode contemplar uma ou mais funções organizacionais ou, ainda, determinados módulos das funções organizacionais podem não ser contemplados por um organograma.

1.4 Empreendedorismo e liderança

O empreendedorismo e a liderança são conceitos relevantes para a elaboração e gestão do projeto de inteligência organizacional, pois os gestores das organizações devem considerar a aplicação desses desafios nos subprojetos e nas atividades de inteligência nas organizações.

Objeto de estudo em muitas organizações, o empreendedorismo tem inquietado as pessoas e motivado alguns gestores a praticar esse conceito nas organizações. As organizações podem ser vistas como um empreendimento. E para um empreendimento conquistar êxito, necessita de empreendedores.

Empreendedorismo pode ser entendido como *realização*. O empreendedor é quem realiza, ou seja, põe em prática o planejamento, executa atividades, efetua ações, efetiva fatos, faz acontecer, gera resultados positivos.

Não só nos empreendimentos e nas atividades privadas o empreendedorismo é aplicado. Pode ser aplicado de maneira efetiva nas atividades públicas, principalmente nas ações relacionadas com questões sociais. O empreendedor pode ser socialmente responsável, e isso é demonstrado em inúmeras iniciativas em organizações públicas e em organizações não governamentais, nas quais as características da responsabilidade social são corporativas com indicadores não enfatizando os resultados só financeiros (Mendes, 2009).

Os empreendedores são pessoas diferenciadas e que têm motivação singular. Apaixonados pelo que fazem, não se contentam em ser mais um na multidão, querem ser reconhecidos, admirados, referenciados e imitados.

Uma vez que os empreendedores estão revolucionando o mundo, seu comportamento e o próprio processo empreendedor devem ser estudados e entendidos (Dornelas, 2001). Os empreendedores estão sempre buscando as mudanças, reagem a elas e as exploram como oportunidades, nem sempre vistas pelos demais. São pessoas que criam algo novo, diferente, mudam ou transformam valores, não restringindo seu empreendimento a instituições exclusivamente econômicas. São essencialmente inovadores, com capacidade para conviver com riscos e incertezas envolvidas nas decisões (Drucker, 1987). Empreendedores são, acima de tudo, pessoas com atitudes e posicionamentos positivos embasados em conceitos sedimentados.

O espírito empreendedor pode ser entendido como a parte imaterial do ser humano, a alma (por oposição ao corpo), algo que vem de dentro das pessoas. Está associado com a caracterização pessoal dos gestores quando tem uma visão clara de propósitos na direção de atividades mais adaptadas aos seus objetivos estratégicos. Tem relação com a expressão *entrepreneurship* integrando-a com o termo *inovação* (Drucker, 1987). Esse espírito faz parte da chamada *escola empreendedora*, que é uma linha da formação estratégica de características visionárias e proativas nas soluções necessárias para as organizações (Mintzberg; Ahlstrand; Lampel, 2000).

O perfil empreendedor pode ser entendido como o conjunto de características, habilidades, competências dos empreendedores. Os empreendedores nas organizações podem atuar como gestores, técnicos ou auxiliares. O perfil pode contemplar resumidamente três grandes conjuntos de habilidades: técnica; de serviços ou negócios; e humana.

Um empreendimento para a organização envolve uma série de fatores, inúmeras atividades e muitas ações críticas. Também não ocorre do dia para a noite, exige determinado tempo para sua realização. O processo empreendedor é constituído por quatro fases. Começa pela geração de ideias ou busca de oportunidades, seguido do desenvolvimento de um plano de negócio ou planejamento estratégico, da busca de recursos financeiros e não financeiros para sua viabilidade e termina com o controle ou a gestão do empreendimento.

Liderança é a capacidade inteligente de influenciar outras pessoas ou organizações e de gerar seguidores para atingir objetivos determinados.

A literatura nacional e internacional é rica em conceitos de liderança, sejam em abordagens humanas ou organizacionais. Ambas as abordagens levam em consideração as múltiplas definições, sejam fenômenos pessoais ou grupais, de influências, poder, comunicação, motivação e persuasão. A imposição passa a ceder espaço para a influência no alcance dos objetivos a serem executados pela livre vontade dos seguidores do líder. A liderança é relevante na vida pessoal, profissional e familiar. É necessária em todos os grupos de pessoas e em todas as organizações.

As organizações têm constantemente passado por desafios comerciais, financeiros, sociais, ambientais, políticos e em sua forma de gestão. Para superar esses desafios emergenciais, os gestores organizacionais e suas equipes devem atuar levando em consideração os conceitos e os preceitos da liderança. Apenas o emprego das funções da administração (planejamento, organização, direção e controle) não é suficiente para a motivação na elaboração dos produtos e na prestação de serviços adequados e com qualidade, produtividade, efetividade e economicidade. Assim, a direção ou gerência tradicional deve ser substituída pela liderança empreendedora e participativa.

Indubitavelmente, pessoas com capacidade inteligente de influenciar outras pessoas vivenciam de fato a liderança empreendedora e participativa nas organizações. O alcance dos objetivos, a realização das estratégias e a efetivação das ações organizacionais só são possíveis por meio do esforço dos líderes com espírito empreendedor e participativo.

É no dia a dia que os líderes desempenham a vontade, o envolvimento, o comprometimento, a determinação e o carisma nas atividades organizacionais. Tais características funcionam como uma obstinação pessoal ao sucesso das organizações e das pessoas de seu meio ambiente interno e externo, para inclusive aumentar a qualidade de vida dessas pessoas.

Em outras palavras, se não existirem pessoas na equipe multidisciplinar do projeto de inteligência organizacional, com características de empreendedorismo, inovação e liderança, a elaboração, a gestão e a implementação desse projeto podem ficar muito prejudicadas, sob pena de não conclusão.

1.5 Gestão, gestão privada e gestão pública

O termo *gestão* envolve três conceitos básicos: a administração é a ciência que estuda as organizações e seu meio ambiente e externo; a gestão é a aplicação da ciência da administração; e o planejamento e o projeto são instrumentos para gerir as organizações (Rezende, 2015).

A gestão privada requer os conceitos, preceitos e métodos da administração clássica e convencional e da inteligência empresarial. É orientada para a produção e comercialização de produtos e para a prestação de serviços privados focada frequentemente no lucro da organização. Ambas as gestões estão relacionadas com os atos de gerir as organizações e as respectivas funções organizacionais.

A gestão pública requer os conceitos, preceitos e métodos da administração pública e da inteligência organizacional pública. É orientada para a prestação de serviços públicos, seja como Administração direta ou indireta, sem a visão do lucro. Conforme a Constituição da República Federativa do Brasil, a organização político-administrativa brasileira compreende a União, os estados, o Distrito Federal e os municípios, todos autônomos, e seus modelos de gestão têm um papel relevante. As funções do Estado estão relacionadas com a alocação de recursos oriundos da arrecadação tributária, com a distribuição dos recursos considerando equidade e justiça e, finalmente, com a estabilização econômica, social, política e institucional (Marini, 2003).

A administração pública congrega diferentes órgãos para a gestão dos objetivos do governo e das funções necessárias ao desempenho efetivo dos serviços públicos perenes e sistemáticos, legais e técnicos em benefício dos cidadãos. Seja direta ou indireta, a administração pública obedecerá aos princípios constitucionais de: legalidade; impessoalidade; moralidade; publicidade; e eficiência. Acrescentam-se, ainda, os princípios de: ética e conformidade entre as relações horizontais e verticais da administração direta e indireta; continuidade dos serviços públicos; igualdade no trato com os cidadãos; prestação responsável das contas públicas; divulgação de informações; compromisso e qualidade dos servidores públicos; e transparência nas ações de gestão (*accountability*). É também possível entender *administração pública* como a parte da ciência da administração que se refere ao governo, diretamente o Poder Executivo e indiretamente os Poderes Legislativo e Judiciário. No sentido mais amplo, *administração pública* é todo o sistema de governo, todo o conjunto de ideias, atitudes, normas, processos, instituições e outras formas de conduta humana que determinam como distribuir e exercer a autoridade pública atendendo aos interesses públicos. É essencialmente a estrutura do Poder Executivo que tem a missão de coordenar e implementar as políticas públicas, como um conjunto de atividades diretamente destinadas à execução concreta das tarefas de interesse público ou comum em uma coletividade ou organização estatal (Matias-Pereira, 2010). A gestão pública é a mesma atividade administrativa vinculada à lei ou à norma técnica e à política, realizando funções administrativas em determinado período de tempo. Para tornar a administração pública mais adequada, é necessário analisar e praticar a gestão pública de modo dinâmico e entendê-la como um processo decisório também dinâmico, integrado, efetivo e planejado. A sociedade se modifica, as regras mudam, e as práticas alteram-se no tempo e espaço. Dessa forma, o governo ao estabelecer, dentro dos mecanismos de gestão, objetivos e metas, garante sua execução de maneira planejada, voltada para sua forma de atuação e de intervenção (Santos, 2006).

Governo, do ponto de vista institucional, é o conjunto de poderes e órgãos constitucionais; em sentido funcional, é o complexo de funções estatais básicas; e, sob a ótica operacional, é a condução política do negócio público. Assim, ora se identifica com os poderes e órgãos supremos do Estado, ora se apresenta nas funções originárias desses poderes e órgãos de manifestação da soberania. Sua expressão política de comando, de iniciativa, de fixação de objetivos do Estado e de manutenção da ordem jurídica vigente é a constante do governo (Meirelles, 2006). Ao passo que a governabilidade diz respeito às condições do exercício da autoridade política, a governança qualifica o modo de uso dessa autoridade. A governabilidade como a capacidade política de governar resulta da relação de legitimidade do Estado e do ser governo com a sociedade, e a governança decorre da capacidade financeira e administrativa, em sentido amplo, do governo de realizar políticas. Ainda, a governança contempla três aspectos: pode ser um meio para reconciliar o político, o econômico e o social, propondo novas formas de regulação; acena para o deslocamento das responsabilidades que opera o Estado para a sociedade civil e o mercado; e ocorre quando os atores sociais não dispõem de conhecimentos e meios necessários para resolver problemas. O processo de gestão local faz aparecer na "arena urbana" a busca de uma politização do local e a procura de uma governança urbana (Matias-Pereira, 2010).

1.6 Modelos de gestão e gestão estratégica

O modelo de gestão pode ser entendido como um sistema de regras relativas à gestão do negócio ou atividade da organização e de seus produtos ou serviços. Está relacionado com ações delineadoras de gestão e com atividades condicionadoras de execução pelos subordinados, formalizando a maneira pela qual a organização busca solucionar seus problemas e gerir suas funções organizacionais. Busca a interação entre os níveis hierárquicos (alta administração, corpo gestor e corpo técnico ou operacional) coordenando processos de trabalho e equipes de pessoas. Pode basear-se na premissa de que as pessoas em todos os níveis hierárquicos devem conhecer os objetivos da organização, dominar atividades técnicas de trabalho, promover melhorias, identificar contribuições, buscar alternativas, compreender impactos e facilitar a inteligência dos negócios ou atividades.

Nas organizações públicas, o modelo de gestão pode ser influenciado pela legislação pertinente que rege a atividade pública da referida organização.

Para analisar ou adotar um modelo de gestão na organização, é necessário pesquisar, entender e discutir os modelos disponíveis tanto na literatura quanto nos aprendizados de outras organizações. Os modelos de gestão mais recentes propõem abordagens baseadas em pessoas ativas, empreendedoras e inovadoras influenciando coletivamente o desenvolvimento da cultura organizacional, a mudança de atitudes, a contínua busca de melhorias e a estrutura organizacional efetiva. Destacam-se as tendências relacionadas com a participação, o envolvimento e o desenvolvimento de pessoas nas organizações, contemplando qualidade, produtividade e efetividade dos produtos e serviços. Culmina com os conceitos de administração estratégica, pensamento estratégico, liderança, empreendedorismo, sistemas de informação, tecnologia da informação, gestão de projetos, gestão participativa, gestão em rede, gestão do conhecimento e inteligência organizacional.

O modelo e a forma de gestão da organização estão intimamente ligados a seus sistemas organizacionais e à respectiva estrutura organizacional. A ciência da administração enfatiza os modelos de gestão clássicos: autoritário; democrático; participativo; e situacional. Tais modelos podem ser mesclados na organização ou adotados diferentemente nos diferentes níveis hierárquicos da organização (alta administração, corpo gestor e corpo técnico). Reitera-se que a gestão participativa é a mais indicada para projetos nas organizações.

No modelo de gestão autoritário, a gestão da organização e o processo decisório estão centralizados na alta administração da organização, fazendo com que os sistemas organizacionais sejam precários, fechados e também autoritários. Os assuntos são discutidos e decididos na alta administração, sem a participação das pessoas envolvidas ou das respectivas unidades departamentais destinatárias, cabendo a estas o aceite e o cumprimento das determinações.

No modelo de gestão democrático, a alta administração e a gestão da organização (detentores do processo decisório) consultam e permitem a participação dos níveis inferiores, possibilitando também a delegação, fazendo com que os sistemas organizacionais, embora fechados, sejam facilitados para ser abertos. Os assuntos são discutidos com todos, mas normalmente as pessoas envolvidas ou as respectivas unidades departamentais destinatárias acabam executando as determinações. Ao contrário da democracia propriamente dita, muitas vezes a gestão democrática é maquiada pela gestão autoritária.

No modelo de gestão participativo, a alta administração e a gestão da organização descentralizam o processo decisório e permitem a delegação e o envolvimento de todos os níveis, definindo políticas, formalizando atividades, determinando responsabilidades e controlando resultados, fazendo com que os sistemas organizacionais sejam totalmente abertos, transparentes e efetivos. Os assuntos são discutidos e decididos em conjunto com a efetiva participação das pessoas envolvidas e das respectivas unidades departamentais destinatárias, facilitando o aceite e o cumprimento das determinações coletivas. As decisões são colegiadas, mas não necessariamente unânimes.

No modelo de gestão situacional, a alta administração e a gestão da **organização requerem situações específicas para poder atuar de forma momentânea, muitas vezes, desvinculada das políticas definidas e procedimentos formalizados pela organização**. Os assuntos são discutidos e decididos naquele momento com ou sem a participação das pessoas envolvidas e das respectivas unidades departamentais destinatárias, cabendo a estas ou a todos o aceite e o cumprimento das determinações do momento. A gestão situacional não pode se tornar um modelo constante, ela deve ser utilizada para situações especiais e momentâneas.

A gestão participativa é a mais indicada para projetos nas organizações, incluindo o projeto de inteligência organizacional. Porém, a mescla das gestões pode ser utilizada nas organizações, na atuação cotidiana de atividades com pessoas e recursos diversos, embora a organização e seus gestores normalmente se aproximem mais de um modelo de gestão e ajustem suas ações de acordo com sua cultura, filosofia e políticas.

Já o conceito de gestão estratégica das organizações privadas ou públicas está direcionado para um processo sistemático, planejado, gerido, executado e acompanhado sob a gestão da alta administração, envolvendo e comprometendo todas as pessoas e respectivos níveis hierárquicos. A **finalidade é assegurar o crescimento, a continuidade e a sobrevivência** da organização por meio da adaptação contínua de sua estratégia, de sua capacitação e de sua estrutura, possibilitando-lhe enfrentar as mudanças observadas ou previsíveis em seu ambiente externo ou interno, antecipando-se a elas (Costa, 2007).

O projeto de inteligência organizacional pode ser entendido como um modelo de gestão que leva em consideração os modelos clássicos de gestão e também os princípios da gestão estratégica, alicerçada pela gestão de projetos. A inteligência organizacional procura contribuir com a diferenciação da organização e com a possibilidade de tirar a mesma da zona de conforto, tornando-a não comum, não convencional, não trivial, não simples e não básica.

1.7 Gestão de projetos

O projeto de inteligência organizacional deve ser necessariamente entendido como um projeto. É um projeto dinâmico, complexo, desafiador, inovador, inteligente e necessário para organizações preocupadas com seu sucesso. Para facilitar sua elaboração, gestão e implementação, um instrumento ou técnica de gestão de projetos se faz necessário, uma vez que precisa lidar com recursos humanos, materiais, financeiros e tecnológicos.

Seja quando foi iniciado, seja no desenvolvimento ou, ainda, após a conclusão do projeto de inteligência organizacional, a gestão desse projeto é fundamental para seu sucesso e para gerar os resultados profícuos para a organização.

São inúmeras as teorias, modelos e instrumentos ou técnicas de gestão de projetos disponibilizadas pela ciência da administração e da engenharia. Entre elas, destacam-se: o PODC (Planejamento, Organização, Direção e Controle), o PERT/CPM (*Program Evaluation Review Technique / Critical Path Method*) e o PMBOK (*Project Management Body of Knowledge*) do PMI (*Project Management Institute*). Os sistemas da qualidade também podem contribuir, entre eles as normas ISO, o método PDCA e o 5S. As normas ISO estabelecem padrões de elaboração e de qualidade dos produtos ou serviços da organização. O método PDCA (*plan, do, check, action*) se baseia no controle de processos. O 5S (*seiri* – organização e descarte; *seiton* – arrumação; *seiso* – limpeza; *seiketsu* – padronização e asseio; e *shitsuke* – disciplina) é uma prática desenvolvida no Japão e ocidentalizada como *housekeeping*.

O método PERT/CPM (*Program Evaluation Review Technique / Critical Path Method*) também pode ser utilizado para a gestão do projeto de inteligência organizacional e para desenvolvimento de tarefas em série e em paralelo, por meio de redes. Refere-se a um conjunto de técnicas utilizadas para o planejamento e o controle de projetos. A rede de projeto amplia as possibilidades do quadro em barras, ilustrando explicitamente como as atividades dependem umas das outras, representando seus tempos de início e fim (terminal).

A gestão de projetos é um fator de êxito para as organizações que elaboram projeto de inteligência organizacional, principalmente porque o número de projetos que não chegam ao seu final com sucesso é muito alto. Isso ocorre principalmente pela falta de acompanhamento do projeto, falta de comprometimento das pessoas, resistência ao planejamento, deficiência dos requisitos do projeto e, muitas vezes, pela incompetência do gestor ou dos envolvidos (ou pelo amadorismo no desenvolvimento de atividades de planejamento e de gestão nas organizações).

A elaboração integral do projeto de inteligência organizacional deve ser vista como um projeto e como um empreendimento. É dessa forma que o PMI (*Project Management Institute*) enxerga todos os projetos. Essa instituição foi fundada em 1969 para estabelecer padrões de gerenciamento de projetos e divulgar esses padrões no PMBOK (*Project Management Body of Knowledge*). Um projeto é um esforço que tem o objetivo de criar um produto ou um serviço único. O gerenciamento de projetos é a aplicação de conhecimentos, habilidades, perfis, técnicas e instrumentos às atividades do projeto para atingir ou exceder as necessidades e as expectativas dos envolvidos e os interessados no projeto (PMBOK, 2000).

O PMI classifica os processos em cinco grupos ou fases: iniciação; planejamento; execução; controle; e encerramento (PMBOK, 2000).

O processo de iniciação ou definição objetiva reconhecer que um serviço, produto ou fase deve começar e se comprometer para sua execução. No projeto de inteligência organizacional, esse grupo de atividades está relacionado com o reconhecimento do local do projeto, com a formalização de conceito, objetivo, metodologia, equipe multidisciplinar, divulgação, instrumento de gestão, com a capacitação dos envolvidos e com o comprometimento dos envolvidos no projeto.

O processo de iniciação, juntamente ao processo de planejamento, pode ser chamado de *Fase 0* do projeto, pois ainda não é efetivamente executado ou realizado o projeto de inteligência organizacional (apesar da existência do plano de trabalho para os envolvidos).

O processo de planejamento visa planejar e manter um esquema de trabalho viável para se atingir os objetivos da organização que determinaram a existência do projeto. No projeto de inteligência organizacional, esse grupo de atividades está relacionado com a definição do modelo de inteligência organizacional e das fases e subfases da metodologia adotada. Ainda envolve o plano de trabalho definido para os envolvidos no projeto, formalizando ações ou atividades, responsáveis, período ou tempo e recursos necessários para realização das ações.

O processo de execução volta-se à coordenação de pessoas e outros recursos para realizar o projeto com um todo. No projeto de inteligência organizacional, esse grupo de atividades está relacionado com a execução das atividades dos envolvidos nas fases e subfases constantes no plano de trabalho individual e coletivo para dar conta da elaboração do projeto.

O processo de controle pretende assegurar que os objetivos do projeto estão sendo atingidos por meio da monitoração e da avaliação de seu progresso, tomando ações corretivas quando necessárias. No projeto de inteligência organizacional, esse grupo de atividades também está relacionado com a definição e o controle de andamento dos envolvidos nas fases e subfases constantes no plano de trabalho individual e coletivo para monitorar e avaliar o projeto. As avaliações e aprovações são coletivamente elaboradas na conclusão das fases (principalmente na fase estratégias organizacionais) e na apresentação do projeto de planejamento estratégico para a equipe multidisciplinar e demais envolvidos e interessados.

O processo de encerramento ou finalização direciona a formalização e a aceitação da fase e de todo o projeto e faz seu encerramento de maneira organizada. No projeto de inteligência organizacional, esse grupo de atividades está relacionado com o relatório final de encerramento para apresentação, discussão e aprovação formal das fases e de todo o projeto por todos os envolvidos, incluindo as assinaturas das pessoas do meio ambiente interno e, eventualmente, do ambiente externo à organização.

Dessa forma, nessa técnica, uma fase ou um processo não precisa necessariamente iniciar somente com o término da anterior, o que caracteriza o dinamismo do desenvolvimento metodológico do processo cíclico do projeto de inteligência organizacional.

A gestão de projetos é organizada em áreas de conhecimento, cada uma descrita por meio de processos. Essencialmente, cada área de conhecimento se refere a um aspecto a ser considerado na gestão de projetos. São recomendadas nove áreas de conhecimento: integração; escopo; tempo; custos; qualidade; recursos humanos; comunicações; riscos; suprimentos e contratos (PMBOK, 2000).

A gestão da integração é o subconjunto que contempla os processos requeridos para assegurar que todos os elementos do projeto de inteligência organizacional sejam adequadamente coordenados. Também está direcionada para a integração e alinhamento desse projeto com os demais projetos da organização e, eventualmente, com projetos externos. Dessa forma, ficam evidenciados o plano global do projeto (desenvolvimento e execução), seus controles ou pontos de aprovação e as eventuais mudanças, incluindo ou excluindo fases para adequar o projeto na organização.

A gestão do escopo é o subconjunto que contempla os processos necessários para assegurar que, no projeto de inteligência organizacional, esteja incluído todo o contexto requerido para elaboração bem-sucedida. Também está direcionada para a abrangência desse projeto no tocante a suas fases e subfases, ou seja, incluindo, eliminando ou adequando-as à metodologia definida e capacitada. Deixa claro onde inicia e termina o projeto. Também pode contemplar o controle dessas mudanças na metodologia.

A gestão do tempo é o subconjunto que contempla os processos necessários para assegurar a conclusão do projeto de inteligência organizacional no prazo previsto. Também está direcionada para o plano de trabalho, no qual são distribuídas, de maneira coletiva e individual, as atividades ou tarefas, responsáveis, prioridade, períodos ou tempo, recursos necessários e *status* ou controle de andamento do projeto. Para alocação de tempo, pode-se trabalhar com horas de trabalho estimadas por dia, semana e mês.

A gestão de custos é o subconjunto que contempla os processos requeridos para assegurar que o projeto de inteligência organizacional seja concluído de acordo com o orçamento previsto. Também está direcionada para as análises de viabilidades das fases do projeto, do projeto como um todo e de eventuais outros planejamentos. Essa análise deve contemplar custos, benefícios (mensuráveis e não mensuráveis), riscos e resultado das viabilidades. Os custos deverão ser formalizados tanto para elaboração do projeto quanto para a implementação do mesmo. Posteriormente, quando da execução do planejamento, um instrumento de controle, monitoração e avaliação de custos deve ser utilizado.

A gestão da qualidade é o subconjunto que contempla os processos requeridos para assegurar que as atividades das subfases e os produtos gerados do projeto de inteligência organizacional estão em conformidade com o solicitado pelas pessoas envolvidas do meio ambiente interno e, eventualmente, do meio ambiente externo. Os requisitos de produtividade e efetividade também devem ser considerados. Inicia-se com a definição da equipe multidisciplinar e capacitação dos envolvidos. Em seguida, é direcionada para a avaliação ou aprovação da qualidade das fases em elaboração e também nas finalizadas, em que são discutidos os indicadores de qualidade e as satisfações dos envolvidos direta e indiretamente. Outras técnicas de qualidade total podem ser utilizadas nas passagens das fases, ponderando-se controles e melhoria contínua do planejamento, incluindo as próximas versões.

A gestão de recursos humanos é o subconjunto que contempla os processos requeridos para envolver adequadamente as pessoas do projeto de inteligência organizacional. Também está direcionada para a definição e o desenvolvimento ou capacitação das equipes multidisciplinares que atuam interdisciplinarmente nas fases da metodologia do projeto. É importante lembrar que uma equipe multidisciplinar principal deve atuar em todo o projeto e outras equipes específicas podem atuar em determinadas subfases. Eventualmente, quando da capacitação dos componentes dessas equipes, pode ser necessário recrutar novos talentos para compor um grupo de trabalho e para facilitar a gestão do projeto. O perfil das pessoas pode ser avaliado, considerando fatores de motivação, envolvimento, conhecimento do negócio ou atividade, entre outros.

A gestão das comunicações é o subconjunto que contempla os processos requeridos para assegurar que as informações do projeto de inteligência organizacional sejam adequadamente obtidas, comunicadas e disseminadas. Também está direcionada para a divulgação do projeto quando da elaboração da fase inicial. Contempla a articulação formal e informal de pessoas, a distribuição das informações, a divulgação de documentos de desempenho e do andamento do projeto e, ainda, relatórios de encerramento de fases e do projeto todo.

A gestão de riscos é o subconjunto que contempla os processos envolvidos com a identificação, a análise e as respostas aos riscos do projeto de inteligência organizacional. Também está direcionada para os orçamentos e para a análise de custos, benefícios, riscos e viabilidades, na qual são descritos os riscos do projeto. Pode ser complementada com um detalhado planejamento e identificação de riscos, com suas análises qualitativa e quantitativa, com alternativas ou respostas para os referidos riscos e, posteriormente, com um controle monitorado de riscos do planejamento.

A gestão de suprimentos e contratos é o subconjunto que contempla os processos requeridos para adquirir bens e serviços de fora da organização que são provedores do projeto de inteligência organizacional. Também está direcionada para o tratamento dispensado aos contratos dos prestadores de serviços para as soluções planejadas que requerem esse tipo de alternativa, principalmente as que envolvem os recursos humanos ou de tecnologias específicas e necessárias. Essa atividade considera o planejamento de suprimentos, o processo de requisição, a seleção de eventuais fornecedores (internos e externos), a gestão, a avaliação e o encerramento de contratos. Podem ser incluídos nessa atividade os chamados *contratos psicológicos* ou *pactos de interesse e relações internas*, visando motivar as pessoas para atingir o objetivo e os resultados do projeto de planejamento estratégico.

Assim, a gestão e o plano de projeto podem ser constituídos de uma variedade de componentes para definir a forma como deverá ser desenvolvido e acompanhado o projeto de inteligência organizacional. Um instrumento ou técnica de gestão de projetos deve ser adotado pela organização para elaboração do projeto de inteligência organizacional, desde seu início até sua conclusão.

1.8 Planejamento pessoal, familiar e profissional

O projeto de inteligência organizacional pode ser facilitado nas organizações privadas ou públicas quando seus gestores praticam o planejamento pessoal, familiar e profissional. Algumas organizações inteligentes preconizam os projetos pessoais e profissionais para ter coerência com o profissional e também o planejamento estratégico da organização.

Planejar é sinônimo de objetivar, pensar, sonhar, desejar, desenhar etc. Para tanto, essas questões podem ser adaptadas para a vida pessoal, familiar e profissional e para o êxito nessas abordagens.

No planejamento pessoal, podem constar os objetivos individuais das pessoas, pensando em seu futuro e em sua felicidade como ser humano.

No planejamento familiar, podem constar os objetivos coletivos das pessoas, pensando no futuro e na felicidade da família como um todo. Evidentemente, cada pessoa tem seu conceito de família, para uns até os netos devem ser contextualizados, para outros até os avós fazem parte da família, além da esposa ou esposo (ou correlatos) e dos filhos ou filhas (e outras pessoas).

No planejamento profissional, podem constar os objetivos profissionais das pessoas, pensando em seu futuro e em sua felicidade como trabalhador, seja empregado, prestador de serviços ou empregador. Nesse planejamento, será projetado o que fazer no decorrer de sua carreira.

Para facilitar a formalização desses planejamentos, inicialmente os objetivos, pensamentos, sonhos, desejos ou desenhos devem ser qualificados e quantificados (incluindo o quê, quanto e quando).

Posteriormente, pode-se elaborar um mapeamento ambiental ou de competências pessoais, profissionais e familiares semelhante às abordagens clássicas da análise dos ambientes da organização, por meio da técnica das forças e fraquezas, ameaças e oportunidades (Andrews, 1980).

Nas forças ou pontos fortes, podem ser descritas as qualidades pessoais, familiares e profissionais, reiterando suas características positivas, boas e relevantes. Nas fraquezas ou pontos fracos, podem ser descritas as dificuldades pessoais, familiares e profissionais, reiterando suas características negativas, ruins e irrelevantes. Nas oportunidades, podem ser descritas as possibilidades pessoais, familiares e profissionais vislumbradas para seu presente e futuro e que podem influenciar positivamente seu desempenho ou que podem criar condições favoráveis ao seu sucesso. Nas ameaças ou riscos, podem ser descritas as dificuldades pessoais, familiares e profissionais observadas para seu presente e futuro e que podem influenciar negativamente seu desempenho ou que podem criar condições desfavoráveis ao seu sucesso. Tais ameaças devem ser inexoravelmente enfrentadas.

Em seguida, pode-se elaborar um mapeamento setorial para entender, verificar e conhecer o contexto em que estarão inseridas a pessoa, a família e a profissão, percebendo como se posicionar nesse contexto, principalmente econômico. Para tanto, a análise clássica de setor pode ser adaptada observando suas cinco forças ou abordagens: clientes; fornecedores; concorrentes ou competidores existentes; novos concorrentes ou novos entrantes; produtos ou serviços substitutos (Porter, 1990). Nos clientes, podem ser descritos quem comprará as competências, os produtos ou serviços da pessoa, da família e da profissão. Nos fornecedores, podem ser descritos quem poderá ajudar ou subsidiar conhecimentos para o futuro e para os diferenciais da pessoa, da família e da profissão. Nos concorrentes ou competidores, podem ser descritos para quem a pessoa, a família e a profissão poderão perder espaços e oportunidades. Sejam concorrentes atuais ou novos concorrentes que poderão surgir no futuro. Nos produtos ou serviços substitutos, podem ser descritos por quem a pessoa, a família e a profissão poderão ser trocadas ou substituídas.

Os conceitos de poupança financeira e de aposentadoria privada devem ser considerados nesses planejamentos. Ainda, deve ser contextualizado o conceito de qualidade total de vida, que contempla o equilíbrio de tempo entre: trabalho; diversão ou lazer; exercício físico; estudo permanente; fé ou espiritualidade; família; e outros temas correlatos.

Para finalizar esses planejamentos, as estratégias e os respectivos planos de ações e viabilidades devem ser formalizados para o alcance dos objetivos, sonhos ou desejos.

Capítulo 2

Conceito, modelo e metodologia de inteligência organizacional

O CONCEITO adotado, a organização e a metodologia de inteligência organizacional são atividades que devem ser amplamente pesquisadas, estudadas, entendidas, discutidas e disseminadas antes de iniciar o projeto de inteligência organizacional nas organizações. Esse projeto se constitui em um relevante e necessário empreendimento das organizações e das pessoas nele inseridos. Quando a organização investe tempo nessas atividades antecessoras, são evitados muitos problemas organizacionais, desgastes pessoais e perda de tempo.

Com pequenas adaptações, o conceito, a organização e a metodologia propostas para o projeto de inteligência organizacional podem ser empregados tanto nas organizações privadas quanto nas organizações ou instituições públicas, organizações não governamentais ou mistas. Evidentemente que as organizações privadas estão mais direcionadas para as questões da sobrevivência, da produção, da venda e da lucratividade. Por outro lado, as organizações públicas estão mais direcionadas para as questões sociais, a sustentabilidade orçamentária e a qualidade de vida dos cidadãos. Também é possível elaborar esse projeto em cidades, adaptando-o.

2.1 Conceito de inteligência organizacional

Nas organizações privadas e públicas, a inteligência organizacional é um projeto, posterior processo dinâmico, sistêmico, coletivo, participativo e contínuo para determinação de um modelo de gestão organizacional diferente do comum, do convencional, do trivial, do simples e do básico. Também pode ser entendida como um modelo "provocativo" de governança organizacional.

Definitivamente, não é um *software* e supera o conceito de inteligência competitiva. Internacionalmente, a inteligência organizacional está relacionada com o termo *Organizational Business Intelligence* (OBI). Especificamente, o projeto de *software* de *Business Intelligence* (BI) pode ser entendido como um subprojeto da organização inteligente (ver Capítulo 4).

Para Rezende (2002), *inteligência organizacional* é o somatório dos conceitos de inovação, criatividade, qualidade, produtividade, efetividade, perenidade, rentabilidade, modernidade, inteligência competitiva e gestão do conhecimento. Assim, as organizações são inteligentes quando aplicam esses conceitos de maneira participativa, efetiva e integrada, adicionados dos respectivos planejamentos de estratégias, informações, conhecimentos, sistemas de informações, tecnologia da informação, recursos humanos e processos organizacionais.

De modo reducionista, cada conceito tem seu direcionamento. Ou seja, a inovação está direcionada para fazer diferente com valor agregado. A criatividade relaciona-se com a capacidade de gerar soluções com os recursos disponíveis. A qualidade com a adequação ou satisfação. A produtividade com resultados adequados. A efetividade com o somatório da eficiência (desempenho), eficácia (resultado) e economicidade (ou valor adequado). A perenidade com a permanência no mercado ou perpetuidade dos serviços. A rentabilidade com o dinheiro disponível ou com o uso adequado do dinheiro. A modernidade com o conceito abstrato de atualidade ou de não antiquado. A inteligência competitiva com o diferencial inteligente frente ao concorrente ou competidor, produto ou serviço substituto. E a gestão do conhecimento com o compartilhamento das melhores práticas e dos conhecimentos adequados. Assim, as organizações privadas ou públicas que entendem, aceitam e vivem esses conceitos buscam conquistar e manter sua inteligência organizacional.

Nas organizações públicas, a inteligência pública também está relacionada com os conceitos e preceitos da teoria *New Public Management* (NPM). Essa teoria pressupõe aplicar nas organizações públicas os modelos de gestão originalmente oriundos da iniciativa privada e dos conceitos de administração estratégica focada nos negócios empresariais e nos conceitos de empreendedorismo. Esse modelo para nova gestão pública apresenta como características: contextualizar o cidadão como um cliente em foco; dar o sentido claro da missão da organização pública; delegar autoridades; substituir normas por incentivos; elaborar orçamentos baseados em resultados; expor operações do governo à concorrência; procurar soluções de mercado, e não apenas administrativas; e medir o sucesso do governo pelo cidadão. Também tem como princípios: reestruturação; reengenharia; reinvenção; realinhamento; e reconceituação (Jones; Thompson, 2000). A nova gestão é um largo campo de discussão sobre as intervenções políticas dentro do governo executivo. As características dos instrumentos das intervenções de políticas são regras institucionais e rotinas organizacionais que afetam o planejamento das despesas, a gestão das finanças, a administração pública, as relações civis de trabalho, as compras, a organização e os métodos, a auditoria e a avaliação (Barzelay, 2001). A NPM tem defendido que os gestores públicos devem se comportar como empresários e como empreendedores, mais dedicados e crescentes em posturas de privatização do governo, não emulando apenas as práticas, mas também os valores dos negócios. Os proponentes da NPM desenvolveram seus amplos argumentos por contrastes com a velha administração pública (*old public administration*) em favor do "novo serviço público", em que o papel primário do servidor público é ajudar os cidadãos na articulação e no encontro de seus interesses compartilhados em vez de tentar controlar ou guiar sociedade (Denhardt; Denhardt, 2000). Como resultado, várias mudanças altamente positivas foram implementadas no setor público (Osborne; Gaebler, 1992). A evolução do movimento da NPM acrescentou mais pressão nas burocracias para tornar as organizações públicas mais responsivas para os cidadãos como clientes participativos. Sem dúvida, é um avanço importante na contemporânea administração pública (Vigoda, 2002).

A inteligência organizacional é favorecida pela sinergia das funções organizacionais, adequação das tecnologias disponíveis, elaboração de planejamentos organizacionais, gestão da informação, gestão do conhecimento e prática da inteligência competitiva nas organizações.

Como exemplo provocativo, um posto de combustível inteligente também pode abastecer veículos, um hotel inteligente pode inclusive hospedar clientes, uma farmácia inteligente pode até mesmo vender remédios, uma organização pública inteligente também pode atender educadamente o cidadão, e assim por diante. Em contrapartida, se essas organizações, respectivamente, apenas abastecerem combustíveis, hospedarem pessoas, venderem remédios e atenderem educadamente o cidadão, não utilizam efetivamente o conceito de inteligência organizacional. Por outro lado, ter uma loja de conveniências no posto de combustível, um restaurante no hotel, outros produtos na farmácia e atender mais que educadamente o cidadão não significa que essas organizações são inteligentes.

Nesse sentido, com base nas informações e nos conhecimentos sistematizados, personalizados e oportunos, nas decisões e ações competentes e na aplicação dos preceitos da inteligência organizacional, a organização inteligente pode gerar novos negócios, produtos, serviços ou atividades além dos triviais e, como consequência, contribuir para seu sucesso. Ainda provocativamente, por exemplo, em uma organização inteligente, os recepcionistas, os atendentes, os executores e todas as demais pessoas "prestam serviços" ou "vendem produtos". Nas organizações públicas, todas as pessoas (servidores públicos ou não) "prestam serviços públicos" aos cidadãos para contribuir com sua qualidade de vida. Em uma escola inteligente, os porteiros, os assistentes de secretarias e todas as demais pessoas "ensinam". Em uma revenda de automóveis inteligente, a funcionária da limpeza e todas as demais pessoas "vendem" automóveis.

2.2 Outras abordagens sobre inteligência organizacional

O termo *inteligência organizacional*, desde a década de 1960, é oriundo do termo *inteligência empresarial*.

Para Wilensky (1967), a inteligência organizacional poderia permitir a utilização das informações da organização de maneira mais efetiva nas decisões, desde a coleta até o processamento e a interpretação do ambiente interno e externo. Para Matsuda (1992), a inteligência organizacional tem similaridades com a inteligência humana, em que cada indivíduo tem inteligência única e as organizações apresentam características singulares alcançadas por meio da coletividade. Para Sapiro (1993), a inteligência organizacional é um sistema de monitoramento de informações internas e externas direcionadas ao sucesso das organizações que procura melhorar as decisões nas organizações e levar as informações para todas as pessoas nos diversos níveis das organizações.

Para Halal (1997), a inteligência organizacional é a capacidade de uma organização para criar conhecimento e usá-lo para se adaptar estrategicamente ao seu ambiente ou de mercado. É semelhante ao QI, mas enquadrado em um nível organizacional, em que fatores estruturais, culturais, relações com stakeholders, ativos de conhecimento e processos estratégicos podem influenciar o desempenho da inteligência organizacional nas organizações. Para Lemos (2002), a inteligência organizacional também leva em conta a teoria da cognição, a teoria humanista e a teoria social, integrando a capacidade das pessoas na solução de problemas, a convivência dos seres humanos e o saber fazer, considerando os lados social e profissional.

Para Albrecht (2004), o conceito de inteligência organizacional integra diversos níveis de inteligência individual, de equipe e organizacional em uma estrutura para criar empresas inteligentes com sete dimensões-chave: visão estratégica; destino compartilhado ("todos no mesmo barco"); apetite por mudanças; sentido coletivo de energia, entusiasmo, motivação e disposição de fazer um esforço extra para que a empresa tenha sucesso ("coração"); alinhamento e congruência entre visão estratégica e prioridades cruciais para o sucesso; uso do conhecimento e sabedoria coletivos para fomentar o desenvolvimento de novos conhecimentos; e pressão por **desempenho** ("fazer o que tem de ser feito"). O modelo de inteligência organizacional de Albrecht é muito respeitado internacionalmente por se tratar de projeto que envolve pessoas, com interesses, crenças, aspirações próprias. Nele a inteligência organizacional deve ser promovida por um ambiente integrador das pessoas dispostas a participar dos processos organizacionais e deve ser criada uma cultura de compartilhamento de informações e conhecimentos. A visão estratégica é um direcionamento capaz **de implementar um conceito de finalidade ou destino para a organização e** suas pessoas. O destino compartilhado busca promover um ambiente onde todas as pessoas sintam-se fazendo parte de algo maior, compreendendo as posições adotadas pela organização, apoiando o grupo e compartilhando, na medida do possível, as informações e experiências que detêm. O apetite por mudanças é a capacidade da organização e de suas pessoas de se desapegar do passado e buscar novidades em seus processos e produtos ou serviços. O "coração" busca contemplar as atividades da organização com **a finalidade de integrar as pessoas de modo que estas se sintam motivadas,** interessadas e dispostas a contribuir para o alcance da missão organizacional. O alinhamento e congruência está direcionado para as atividades desenvolvidas pela organização em concordância com a visão estratégica e com as prioridades formalizadas. Tudo deve caminhar para o mesmo lado e de maneira ordenada. O uso do conhecimento é a capacidade da organização de criar conhecimentos, captá-los e aplicá-los em suas atividades, além de promover o compartilhamento desses conhecimentos e das melhores práticas entre as pessoas. Já a pressão por desempenho é a predisposição das pessoas para contribuir com objetivos, estratégias e ações da organização.

Assim, é íntima a relação entre as múltiplas e diferentes inteligências das pessoas, a inteligência organizacional e a elaboração dos objetivos, a formulação das estratégias e a implementação das ações organizacionais. Desde 1830, o naturalista Charles Darwin menciona a importância da expressão emocional para a sobrevivência e adaptação humanas, enfatizando os aspectos cognitivos, a memória na resolução de problemas. Para ele, a inteligência emocional é um conceito em Psicologia que descreve a capacidade de reconhecer os próprios sentimentos e os dos outros, assim como a capacidade de lidar com eles. Já na década 1980, na Universidade de Harvard, iniciam-se as discussões sobre as inteligências múltiplas lideradas pelo psicólogo Howard Gardner em seus estudos de psicometria e testes de quociente de inteligência (QI). Para ampliar o conceito de inteligência, também apresentou outras abordagens da inteligência humana: lógico-matemática; linguística; musical; espacial; corporal-cinestésica; intrapessoal; interpessoal; naturalista; e existencial (Gardner, 1998).

2.3 Modelo de inteligência organizacional

Desde a Fase 0 – Organização, divulgação e capacitação, um efetivo modelo deve ser determinado para elaborar e gerir o projeto de inteligência organizacional, que também pode ser chamado de Projeto de *Organizational Business Intelligence* (OBI) – Inteligência Organizacional como Modelo de Gestão da Organização.

O modelo de inteligência organizacional requer planejamentos e projetos integrados (Rezende, 2015):

Figura 2.1 – Modelo de inteligência organizacional

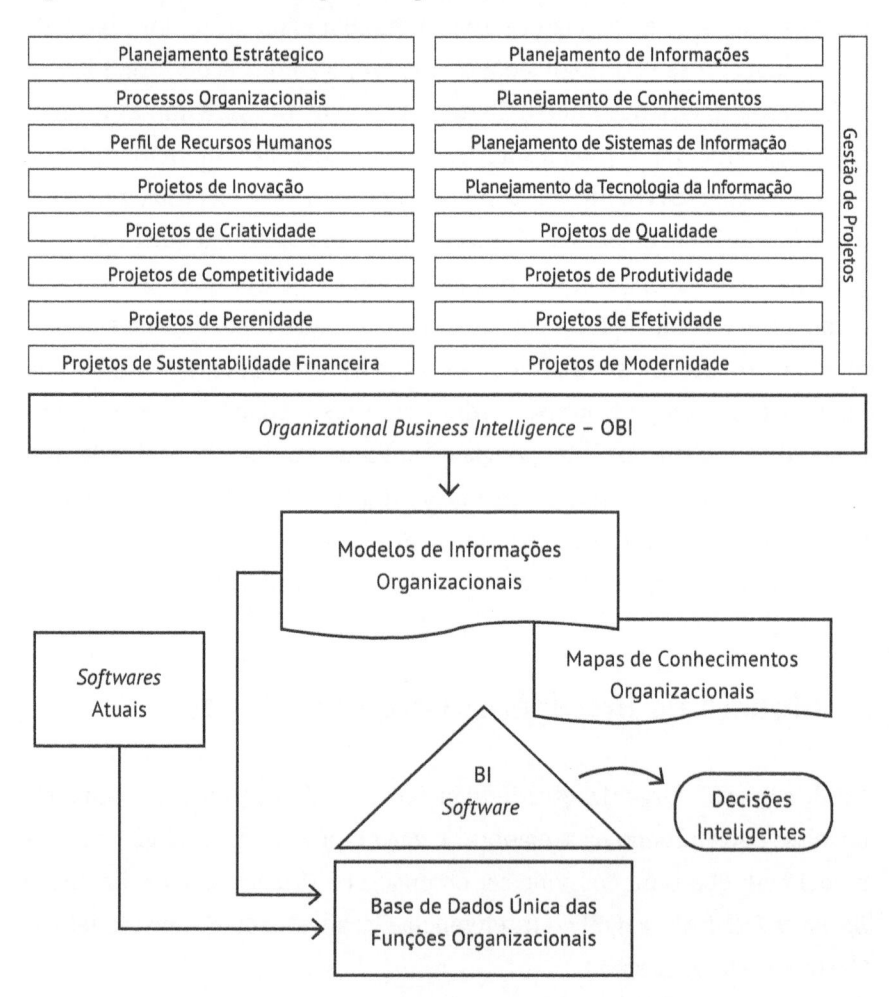

Planejamento Estrátegico	Planejamento de Informações
Processos Organizacionais	Planejamento de Conhecimentos
Perfil de Recursos Humanos	Planejamento de Sistemas de Informação
Projetos de Inovação	Planejamento da Tecnologia da Informação
Projetos de Criatividade	Projetos de Qualidade
Projetos de Competitividade	Projetos de Produtividade
Projetos de Perenidade	Projetos de Efetividade
Projetos de Sustentabilidade Financeira	Projetos de Modernidade

Gestão de Projetos

Organizational Business Intelligence – OBI

- Modelos de Informações Organizacionais
- Softwares Atuais
- Mapas de Conhecimentos Organizacionais
- BI *Software*
- Decisões Inteligentes
- Base de Dados Única das Funções Organizacionais

O modelo de inteligência organizacional contempla a integração de estratégias, planejamentos, projetos, processos organizacionais e respectivos recursos humanos adequados, os quais propiciam a elaboração de modelos de informações. Os modelos de informações formalizam dados para uma base única, e por meio de um *software* de *Business Intelligence* (BI), sugerem decisões inteligentes para os gestores da organização. Parte-se do princípio que *Organizational Business Intelligence* (OBI) é um modelo de gestão para as organizações em que o *software* de BI é um instrumento de apoio à gestão inteligente das organizações, tendo como base os modelos de informações das organizações.

O **planejamento estratégico** é um projeto, posterior processo, dinâmico, sistêmico, coletivo, participativo e contínuo para a determinação dos objetivos, estratégias e ações da organização. Esse processo está embasado essencialmente nos problemas ou desafios da organização. É um projeto primordial para a inteligência da organização, contemplando a gestão desta por meio de respectivos indicadores e metas.

O **planejamento de informações** é um projeto, posterior processo, dinâmico, sistêmico, coletivo, participativo e contínuo para a formalização estruturada das informações necessárias à gestão da organização e para auxiliar em suas decisões nos níveis operacionais, táticos e estratégicos. Pode ser elaborado com base nos modelos de informações organizacionais, com informações nos diferentes níveis ou tipos (estratégica, gerencial e operacional) sejam triviais, oportunas ou personalizadas (ver Seção 4.5).

O **planejamento de sistemas de informação** é um projeto, posterior processo, dinâmico, sistêmico, coletivo, participativo e contínuo para a formalização estruturada dos sistemas de informação necessários à gestão da organização e para auxiliar em suas decisões nos níveis operacionais, táticos e estratégicos. Os sistemas de informação podem ser classificados de diversas formas ou tipos: manuais; mecanizados; informatizados; automatizados; pessoal; de um grupo ou departamental; organizacional; e interorganizacionais; em desenvolvimento (interno ou externo); aquisição; manutenção ou adaptação; e ainda sistemas de informação operacional; gerencial; estratégico; e de conhecimentos das pessoas envolvidas.

O **planejamento de conhecimentos** é um projeto, posterior processo, dinâmico, sistêmico, coletivo, participativo e contínuo para a formalização estruturada dos conhecimentos necessários à gestão da organização e para auxiliar em suas decisões nos níveis operacionais, táticos e estratégicos. O conhecimento é tácito das pessoas da organização. A gestão do conhecimento é o compartilhamento das melhores práticas das pessoas da organização. O mapa de conhecimentos organizacionais descreve os conhecimentos das pessoas das organizações que podem ser compartilhados. Os conhecimentos das pessoas podem ser armazenados nas bases de conhecimentos e posteriormente utilizados e compartilhados nas organizações por meio dos sistemas de conhecimentos.

O **planejamento da tecnologia da informação** é um projeto, posterior processo, dinâmico, sistêmico, coletivo, participativo e contínuo para a formalização estruturada dos recursos computacionais da tecnologia da informação necessários à gestão da organização e para auxiliar em suas decisões nos níveis operacionais, táticos e estratégicos. Contempla os componentes: *hardware*, *software*, sistemas de telecomunicações e recursos de gestão de dados e informação.

O **processo organizacional** é um projeto com a formalização dos procedimentos operacionais da organização que contemplam a descrição detalhada da elaboração dos produtos ou serviços correspondentes à execução das atividades da organização. Estão relacionados com a competência essencial (*core competence*) ou núcleo da organização, em outras palavras, com o "segredo" do negócio privado ou atividade pública e da elaboração dos produtos ou serviços organização.

O **perfil dos recursos humanos** é um projeto, posterior processo, que contempla o conjunto das competências e habilidades necessárias para que as pessoas possam atuar de maneira efetiva na organização. Está direcionado para basicamente três tipos de perfis: gestor; não gestor ou técnicos; e auxiliares. Esse projeto também considera todas as atividades relacionadas com questões humanas, comportamentais, modelos mentais e demais pormenores das pessoas da organização.

A **inovação** é um projeto, posterior processo, que contempla todas as atividades e ações relacionadas com a possibilidade de fazer diferente com valor agregado, direcionadas para produtos ou serviços organização. Pode contemplar um banco de inovações, sugestões ou ideias e posteriores discussões dos temas para se constituir em subprojetos organizacionais focados em fazer mais com menos, formalizando iniciativas das pessoas da organização. Não é inventar ou necessariamente fazer algo novo.

A **criatividade** é um projeto, posterior processo, que contempla todas as atividades e ações relacionadas com a capacidade de gerar soluções com os recursos disponíveis direcionadas para produtos ou serviços organização. Pode levar em consideração um conceito paralelo de criatividade *think* *outside the box* ("pensar fora da caixa") como elemento essencial no contexto da organização e respectivas soluções organizacionais para diferentes desafios e resultado positivos. O potencial criativo da organização pode incluir a criatividade individual e a criatividade coletiva ou criatividade em equipe, desde a percepção de dificuldades até a geração de soluções com os recursos disponíveis na organização.

A **qualidade** é um projeto, posterior processo, que contempla todas as atividades e ações relacionadas com a adequação dos produtos ou serviços ao mercado consumidor ou à satisfação dos clientes ou consumidores da organização. Considera também o cliente interno ou funcionário e todas as metodologias, técnicas e métricas de qualidade nas organizações com seus respectivos indicadores.

A **produtividade** é um projeto, posterior processo, que contempla todas as atividades e ações relacionadas com o resultado da organização com qualidade, considerando adequação de seus produtos ou serviços e a satisfação de seus clientes ou consumidores. Vai além da produção com quantidade e com qualidade. Tal como na qualidade, a produtividade também considera o cliente interno ou funcionário e todas as suas metodologias, técnicas e métricas nas organizações com respectivos indicadores.

A **competitividade** é um projeto, posterior processo, que contempla todas as atividades e ações relacionadas com o diferencial positivo do concorrente ou competidor com seus produtos ou serviços substitutos. A inteligência competitiva é o diferencial inteligente frente aos concorrentes ou competidores e seus produtos ou serviços substitutos. Juntamente da qualidade e da produtividade, a competitividade também considera todas as respectivas metodologias, técnicas e métricas nas organizações com respectivos indicadores. A competitividade prioriza a obtenção de uma rentabilidade igual ou superior aos rivais concorrentes ou competidores, seja de ordem financeira ou humana.

A **efetividade** é um projeto, posterior processo, que contempla todas as atividades e ações relacionadas com o somatório da eficiência (desempenho), eficácia (resultado) e economicidade (ou valor ou custo adequado). Os produtos e serviços da organização devem ser elaborados com desempenho, com resultado e com o mínimo valor financeiro ou custo possível, gerindo adequadamente os bens organizacionais, o tempo, as pessoas envolvidas e os demais recursos.

A **perenidade** é um projeto, posterior processo, que contempla todas as atividades e ações relacionadas com a permanência da organização no mercado ou a perpetuidade de seus produtos ou serviços. As pessoas morrem, mas as organizações não devem morrer. Para tanto, a gestão da organização deve levar em conta as demissões, aposentadorias, mortes e outras formas de perdas de pessoas. A sucessão familiar ou a profissionalização da gestão é contemplada no projeto de perenidade da organização.

A **rentabilidade** (para as organizações privadas) ou **sustentabilidade financeira** (para as organizações públicas) é um projeto, posterior processo, que contempla todas as atividades e ações relacionadas com a entrada, a gestão e o uso adequado do dinheiro da organização. Para as organizações privadas, o dinheiro disponível está relacionado com o lucro da organização. Para as organizações públicas, o dinheiro está relacionado com a arrecadação e com os repasses governamentais por meio de um orçamento público. Todas as organizações necessitam de dinheiro adequado para sua gestão, e sua rentabilidade ou sustentabilidade é o retorno esperado de um investimento menos seus descontos cabíveis.

A **modernidade** é um projeto, posterior processo, que contempla todas as atividades e ações relacionadas com o conceito abstrato de atualidade ou de não antiquado, relacionado com os produtos ou serviços diferenciados da organização. Também se pode descrever a modernidade como um estilo da organização, considerando o tempo e suas transformações ou seus contrastes, mas enfatizando avanços consideráveis e diferentes abordagens atualizadas em seus produtos ou serviços.

A **gestão de projetos**, por meio de um escritório de projetos ou não, é um recurso ou instrumento multidisciplinar de gestão de atividades ou ações da organização. Todas as estratégias, atividades e ações da organização devem ser entendidas como projetos, bem como todos os projetos constantes no modelo de inteligência organizacional. Gerir projetos envolve todas as suas fases ou etapas, desde início até o fim, com planejamento, execução e controle das atividades ou ações na organização, com efetividade dos recursos envolvidos (ver Seção 1.7). Sem a aplicação de conceitos, técnicas e recursos de gestão de projetos, o projeto de inteligência organização está sujeito a muitos riscos e muitas possibilidades de fracasso.

Os **modelos de informações organizacionais** são documentos (ou *softwares*) que descrevem todas as informações necessárias para gestão da organização. As informações necessárias sejam triviais, oportunas ou personalizadas, podem ser estruturadas em níveis ou tipos de informações (estratégica, gerencial e operacional). Tais informações podem estar distribuídas nas seis funções organizacionais e desmembradas em seus respectivos módulos ou subsistemas (ver Seção 1.3). São essas informações, preferencialmente inteligentes, que se converterão em dados e serão armazenadas nas bases de dados para uso e compartilhamento das pessoas na organização, na forma de informações ou indicadores operacionais, gerenciais e estratégicos (ver Seção 4.5).

Os **mapas de conhecimentos organizacionais** são documentos (ou *softwares*) que descrevem os conhecimentos das pessoas da organização que podem e devem ser compartilhados. Nesses mapas, são descritos os conhecimentos das pessoas da organização a partir dos respectivos capital intelectual, competências, habilidades e percepções para disseminar as melhores práticas da organização por meio de cenários, alertas, combinações, resultados de análises com reflexão, síntese e contextos orientados para ações.

Esses planejamentos, projetos, processos, perfis e modelos são elaborados ou revisados, atualizados e complementados na medida da elaboração, implantação e avaliação dos resultados do Projeto de *Organizational Business Intelligence* (OBI) – Inteligência Organizacional como Modelo de Gestão da Organização, a partir da conclusão da Fase 0 – Organização, divulgação e capacitação.

Assim, com o uso dos *softwares* atuais, do *software* de BI e das bases de dados únicas das funções organizacionais, a organização terá disponível mais decisões inteligentes para ser compartilhadas entre as pessoas (ver Capítulo 4).

2.4 Metodologia e projeto de inteligência organizacional

Todo e qualquer projeto deve ser elaborado com uma metodologia adequada, flexível, dinâmica, participativa, viável e inteligente. Como inteligência organizacional, é um projeto, que requer uma metodologia coletiva para sua elaboração e gestão. Assim, uma efetiva metodologia deve ser determinada para o Projeto de *Organizational Business Intelligence* (OBI) – Inteligência Organizacional como Modelo de Gestão da Organização.

Para atingir os objetivos propostos, com maior grau de efetividade, o projeto deve ser dividido em fases ou etapas e subfases, visando facilitar a gestão de tempo, recursos, qualidade, produtividade e efetividade. Cada subfase deve gerar um ou mais produtos a serem aprovados pela organização e sua equipe multidisciplinar (ou comitê gestor do projeto).

Ao final de cada fase, devem ser formalizados, analisados e aprovados os respectivos indicadores por meio de documentos ou relatórios de projeto e em reuniões com a equipe multidisciplinar (ou comitê do projeto).

2.4.1 Metodologia para o projeto de inteligência organizacional

Uma metodologia para o projeto de inteligência organizacional pode se constituir em uma abordagem organizada para alcançar o sucesso do projeto por meio de passos preestabelecidos. Uma metodologia é basicamente um roteiro sugerido. Também pode ser entendida como um processo dinâmico e interativo para desenvolvimento estruturado e inteligente de projetos, visando à qualidade, produtividade e efetividade de projetos. Permite o uso de uma ou várias técnicas por opção dos envolvidos no projeto.

Essencialmente, uma metodologia apresenta fases ou partes de um projeto. Cada fase deve ser desmembrada em subfases. As fases e subfases determinam o que fazer no projeto. Cada subfase deve gerar pelo menos um produto (ou resultado ou documento). Produto é tudo que é externado na elaboração das subfases de um projeto. As subfases funcionam como guia básico e podem ser ajustadas diferentemente para cada projeto ou cada organização, considerando, para tal, objetivos e valores, cultura, filosofia e políticas organizacionais. Todos os produtos devem ser avaliados e aprovados pelos envolvidos no projeto de inteligência organizacional. A metodologia não deve limitar a criatividade dos envolvidos, mas deve ser um instrumento que determine um projeto metódico, harmonizado e dinâmico, coordenando os múltiplos e diferentes interesses dos envolvidos. O que limita a criatividade não é a metodologia, mas os requisitos de competência dos envolvidos e de qualidade, produtividade e efetividade do projeto.

As avaliações e aprovações do projeto de inteligência organizacional são os momentos de apresentação para todas as pessoas envolvidas. A apresentação pressupõe análises de cada fase do projeto e de seus documentos que formalizam o projeto final. Nessas análises, deve-se verificar o grau de satisfação e atendimento aos requisitos e indicadores do projeto e às necessidades da organização, obedecendo aos padrões de qualidade, produtividade e efetividade estabelecidos. A avaliação, a revisão e a aprovação devem ser elaboradas em todas as passagens das fases do projeto, considerando: revisão da(s) fase(s) imediatamente anterior(es); apresentação dos produtos aos envolvidos; e deferimento formal dos envolvidos. A documentação do projeto de inteligência organizacional se constitui na realização dele e nos relatórios, nos diagramas e nas descrições formais de cada produto elaborado nas respectivas subfases.

Antes de adotar uma metodologia para elaborar o projeto de inteligência organizacional, os envolvidos no projeto devem pesquisar, estudar e discutir diferentes modelos e respectivas metodologias, para posteriormente escolher a metodologia mais adequada para a organização. A metodologia adotada para a elaboração do projeto de inteligência organizacional deve auxiliar o desenvolvimento desse projeto de modo que todos os envolvidos entendam o empreendimento. Deve ser de todos os envolvidos e para toda a organização. A metodologia deve estar adequada às necessidades da organização e deve possibilitar relacionar os recursos necessários e destacar os prazos ideais para cada fase do projeto. Ela pode ser revisada, atualizada e complementada na medida do desenvolvimento do projeto.

São três as premissas para a elaboração do projeto de inteligência organizacional de modo metodológico: modularidade; existência; e equipe multidisciplinar ou comitês de trabalho. A modularidade requer o desenvolvimento do projeto em partes ou fases integradas. A segunda premissa retrata que sempre um projeto deve ser desenvolvido com um modelo e respectiva metodologia, mesmo que ainda não esteja sedimentada. A terceira premissa exige que o projeto seja elaborado por equipes multidisciplinares ou comitês de trabalho capacitados e integrados.

As metodologias direcionadas para as organizações privadas podem ser mescladas, adequadas ou complementadas para resultar em um projeto com qualidade, produtividade e efetividade para as organizações públicas.

2.4.2 Projeto de inteligência organizacional

Um modelo e uma metodologia para o projeto de inteligência organizacional devem ser determinados. A metodologia para o projeto de inteligência organizacional contempla as seguintes fases sequenciais e integradas:

- Fase 0. Organizar o projeto de inteligência organizacional;
- **Fase 1. Diagnosticar a organização e os subprojetos de inteligência** organizacional;
- Fase 2. Propor subprojetos de inteligência organizacional;
- Fase 3. Realizar subprojetos de inteligência organizacional;
- Fase 4. Gerir a inteligência organizacional.

A partir do modelo escolhido e da metodologia proposta, uma estrutura (roteiro ou *template*) para o **projeto de inteligência organizacional para organizações privadas ou públicas pode ser sugerida. Apesar de ser uma estrutura flexível, alguns componentes mínimos devem ser descritos.** O projeto pode ser dividido em partes, tais como:

a) Capa do projeto

A capa do projeto pode apresentar o nome da organização, o nome do projeto, o nome dos elaboradores, o local e a data da realização.

b) Resumo do projeto

O resumo do projeto descreve em uma página a visão geral das fases do mesmo, destacando o negócio privado ou atividade pública, serviços e produtos, diferenciais dos concorrentes ou competidores e a síntese do projeto e dos subprojetos constantes.

É a apresentação da "venda" do projeto para os interessados (principalmente os governos, investidores, proprietários, gestores da organização e equipe multidisciplinar envolvida). Deve ser elaborado ao término ou final do projeto.

Também é chamado de *sumário executivo* do projeto para "conquistar" os interessados.

c) Sumário do projeto

O sumário do projeto contém os títulos das partes e subfases dele, bem como as respectivas páginas.

Também é chamado de *índice* do projeto.

d) Dados da organização

Nas primeiras páginas do projeto, recomenda-se elaborar uma apresentação da organização, com seus dados principais, tais como nome da organização (razão social e fantasia), localização (ou local pretendido), tipo de organização e composição societária (forma jurídica e enquadramento tributário).

Ainda pode conter *slogan*, marca, *site*, *e-mails*, histórico, perfil da organização ou currículo dos gestores, recursos e indicadores atuais e outras informações relevantes.

Os projetos empreendedores também podem descrever seus argumentos para "vender", bem como a explicação ou definição dos produtos ou serviços, entre outras informações relevantes.

e) Fase 0 – Organização, divulgação e capacitação

Essa fase descreve as subfases iniciais do projeto antes de sua elaboração. São atividades opcionais a serem elaboradas a critério do autor ou da equipe do projeto.

f) Fases do projeto

Nessa parte do projeto são elaboradas e descritas as fases e respectivas subfases do projeto. Deve ser a parte mais bem detalhada do projeto.

g) Documentação e aprovação

A documentação completa e detalhada do projeto também deve ser formalizada. Essa documentação tem como principal objetivo a formalização e a manutenção de um histórico documental do projeto. Tal atividade também permite um meio de comunicação com os envolvidos direta e indiretamente ao projeto. O histórico documental pode ser elaborado em papéis ou em **meios magnéticos (com recursos da internet, por exemplo)** os quais podem sedimentar a competência dos elaboradores do projeto em novas versões ou edições e também servir como um meio de compartilhamento e gestão do conhecimento na organização.

As técnicas e instrumentos formais ou informais de organização e métodos (O&M) e de gestão da qualidade podem ser utilizados, tais como formulários ou documentos específicos, diagramas, relatórios ou descrições formais, atas e outros recursos.

Visando minimizar a desinformação dentro das organizações, dirimir as dúvidas e padronizar os conceitos e nominações, principalmente os relacionados aos interesses municipais, pode ser criado um dicionário de termos, que é um relato de termos próprios, conceitos adotados ou palavras especiais utilizadas na organização e no projeto, com seus respectivos **significados. Também pode ser chamado de** *glossário de termos*.

Ao término do projeto, um relatório final deve ser elaborado. Esse relatório pode conter todos os detalhes das fases, das subfases e dos produtos elaborados durante o projeto. Pode também conter eventuais anexos, apêndices e pareceres. Visa principalmente fornecer as informações necessárias para a execução e gestão do projeto e para o acompanhamento e avaliação das atividades. Esse relatório também servirá como base para a próxima versão ou edição do projeto. As organizações podem elaborar uma brochura ou folheto-resumo para fácil entendimento dos interessados.

A aprovação do projeto é formalmente requerida. Para tanto, o projeto deve ser constantemente apresentado, avaliado e aprovado pelos envolvidos. **Visa principalmente à verificação do grau de satisfação e ao atendimento** das necessidades e dos requisitos do projeto, obedecendo aos padrões de qualidade, produtividade e efetividade estabelecidos pela organização.

A avaliação, revisão e aprovação devem ser elaboradas principalmente nas passagens das fases do projeto a partir da metodologia adotada pela organização. As técnicas e instrumentos formais ou informais de projetos de qualidade, produtividade e efetividade e as metodologias e técnicas de gestão de projetos disponíveis na literatura e no mercado podem contribuir nessa atividade.

Recomenda-se, ao final do projeto, uma apresentação formal para todos os interessados para avaliar a satisfação e obter a aprovação formal, ou seja, com respectivos protocolos de revisão da(s) fase(s) e assinaturas dos envolvidos, principalmente da equipe multidisciplinar do projeto.

h) Anexos e apêndices

A última fase do projeto pode conter os anexos (por exemplo, os documentos de terceiros, dos concorrentes ou competidores e outros), os apêndices (ou documentos próprios) e os pareceres. Tais pareceres descrevem considerações para empreender o investimento ou motivar investidores ou gestores da organização.

É opcional, no final do projeto, estabelecer uma conclusão ou descrever reflexões finais com pareceres dos componentes da equipe multidisciplinar.

Nesse tipo de projeto, não é necessário obedecer fielmente às regras da ABNT.

Para a elaboração de algumas subfases, recomenda-se a criação de formulários para documentar as respectivas atividades. Esses formulários podem conter: nome da organização; nome do projeto; nome do documento; responsável (eis) pelo preenchimento; data da elaboração; data de referência; e respectivos campos a serem preenchidos.

Ainda, ao final de cada fase, podem-se elaborar quadros-resumos (sintéticos ou gerais) que visam à apresentação para os interessados ou investidores que eventualmente não estavam completamente integrados ao projeto e que nem sempre dispõem de muito tempo para o acompanhamento e para as aprovações do projeto e de suas necessidades.

Capítulo 3

Projeto de inteligência organizacional

COM BASE nas premissas assimiladas pela organização, que envolvem o conceito, o modelo e a metodologia apreendidos pelos gestores e demais pessoas envolvidas, pode-se iniciar o projeto de inteligência organizacional, com os respectivos subprojetos adotados (Rezende, 2015).

Os subprojetos de inteligência organizacional referem-se aos citados na Seção 2.3, bem como suas atividades pertinentes descritas na Seção 2.4.

Nesse caso, o *software* de *Business Intelligence* (BI) pode ser considerado um subprojeto (ver Capítulo 4).

3.1 Fase 0 – Organizar o projeto de inteligência organizacional

A Fase 0 (zero) versa sobre a preparação ou atividades antecessoras do projeto de inteligência organizacional. Suas subfases essencialmente propõem organizar e divulgar o projeto, bem como capacitar os envolvidos na metodologia adotada pela organização privada ou pública. Essas subfases ou atividades, apesar de opcionais, devem ser elaboradas antes das demais fases do projeto.

Pode-se relacionar a Fase 0 com as fases ou processos de iniciação e de planejamento do gerenciamento de projetos PMBOK/PMI ™.

Nas organizações privadas ou públicas, todos os projetos deveriam ser iniciados com a Fase 0, incluindo, por exemplo, os projetos de inteligência, de estratégias, de informações, de tecnologia da informação, de consumidores, de clientes, de manutenção industrial, de qualidade de serviços, entre outros projetos. As organizações que aceitam, entendem e praticam os conceitos e preceitos de inteligência organizacional, elaboram projetos contemplando a Fase 0.

No projeto de inteligência organizacional, a Fase 0 pode ser formalizada por meio de suas subfases. As subfases podem ser elaboradas sequencial ou concomitantemente, mas sempre coletiva e participativa.

3.1.1 **Entender a organização para o projeto de inteligência organizacional**

Antes de iniciar o projeto de inteligência organizacional, é fundamental entender a organização como um todo, onde ela está ou será instalada.

Quando a organização já existe, é relevante conhecer ou reconhecer seu negócio privado ou sua atividade pública. Preliminarmente, pode-se formalizar os produtos ou serviços, os clientes e consumidores alvo ou cidadãos, o local de atuação, a missão e visão, os objetivos, os gestores, a estrutura organizacional etc. Nesse caso, um organograma pode esclarecer a estrutura de poder da organização. Também um funcionograma ou a modelagem dos processos e procedimentos organizacionais pode demonstrar a elaboração dos produtos ou serviços atuais. Os clientes, os **fornecedores, os representantes, as organizações coirmãs, as filiais e as integrações governamentais** também podem ser contempladas.

Quando a organização ainda não existe, esse entendimento é também necessário para compreender como será a organização, seus produtos e serviços, seus modelos de gestão, suas instalações etc.

Nem sempre todos os gestores da organização conhecem e entendem efetivamente seu negócio privado ou sua atividade pública, os produtos elaborados ou os serviços prestados, os consumidores ou clientes ou os cidadãos e outras características essenciais para uma atuação inteligente da organização.

Essa subfase é uma oportunidade para todos os gestores das diferentes funções organizacionais e para que os demais envolvidos no projeto possam equalizar conceitos adotados e igualar entendimentos da organização. Inclusive, em muitas organizações, diferentes profissionais estão distantes do negócio privado ou da atividade pública da organização. Algumas literaturas, experiências e práticas organizacionais descrevem essa atividade como a identificação da organização ou o perfil organizacional, enfatizando o conhecimento e entendimento da organização, bem como seu *core business*.

O entendimento da organização deve ser descrito por meio de textos com informações sobre o negócio privado ou a atividade pública, os produtos ou serviços, os clientes e consumidores alvo ou cidadãos, o local de atuação e onde está ou será instalada a organização.

Por opção, é possível relatar também a missão e visão, os objetivos e as estratégias, os gestores e a estrutura organizacional ou a modelagem dos processos e procedimentos da organização.

Ainda, pode-se descrever o contexto atual e o contexto desejado do projeto de inteligência organizacional, bem como a função ou as funções organizacionais aos quais o projeto está relacionado.

3.1.2 Conhecer os locais do projeto de inteligência organizacional

Além de conhecer ou reconhecer e entender a organização, é importante saber onde o projeto de inteligência organizacional será elaborado e onde será executado ou instalado. O projeto pode ser elaborado em um local diferente do local que será executado. O projeto também pode ser implantado em múltiplos e diferentes locais incluindo distintas equipes (por exemplo, outras unidades, sedes, filiais, representantes, órgãos).

Atualmente, com a utilização da tecnologia da informação, enfatizada pela internet, satélites e demais recursos de telecomunicações, é possível elaborar projetos em qualquer lugar do mundo, seja de forma parcial ou integral. Inclusive, em alguns países a remuneração por projetos pode ser muito diferenciada e viabilizar projetos mais adequadamente no que tange a questões financeiras e econômicas.

Os distintos locais do projeto podem ter características peculiares e específicas, incluindo cultura e valores das pessoas, modelo de gestão e políticas da organização, perfis de clientes e consumidores ou cidadãos, vocações do município, entre outros detalhes pertinentes. Ainda, na escolha da localização da instalação do projeto podem ser observadas as condições legais (ou contratuais ou licitatórias), de segurança, vizinhança, facilidade de acesso, espaço físico necessário, disponibilidade de mão de obra, meio ambiente ecológico, proximidade com concorrentes ou competidores, fornecedores e outros cuidados.

Os locais de elaboração e de execução, instalação ou implantação devem ser descritos por meio de textos com informações sobre esses referidos locais.

As características peculiares desses locais também podem ser descritas.

3.1.3 Adotar o conceito do projeto de inteligência organizacional

O conceito de inteligência organizacional deve ser amplamente discutido e adotado na organização. Além do conceito, podem ser discutidos os tipos ou classificações, os componentes ou partes, as características e as integrações da inteligência organizacional e demais definições pertinentes (ver Seção 2.1).

Também se recomenda entender os eventuais demais projetos, planejamentos ou planos da organização para integração deles com o projeto de inteligência organizacional. Nas organizações privadas, podem existir outros planejamentos ou planos, tais como planejamento estratégico, planejamento e controle de produção, plano de *marketing* e vendas, planos ou orçamentos financeiros, entre outros. Nas organizações públicas, podem existir outros planejamentos ou planos, tais como plano plurianual, plano diretor municipal ou estadual, plano de governo, planejamento de recursos humanos (servidores e cidadãos), sociais, entre outros. Esses planejamentos ou planos têm conceitos específicos ou distintos e até mesmo divergentes do projeto de inteligência organizacional.

Após a discussão e o entendimento dos diferentes temas e abordagens de projetos, planejamentos e planos, um conceito deve ser adotado e divulgado para toda a organização e para todos os envolvidos no projeto para deixar claro o que é inteligência organizacional.

Nesse momento, também é relevante discutir o conceito de modelo de gestão ou de governança organizacional para que este esteja relacionado com o conceito de inteligência organizacional adotado pela organização. Não se deve iniciar um projeto sem saber seu conceito.

O conceito adotado deve ser descrito por meio de textos com significação precisa deles. Deve ficar claro para toda a organização e todos os envolvidos "o que é" inteligência organizacional.

Por opção, também pode ser relatado o conceito de projeto e de modelo de gestão ou de governança organizacional.

Ainda, para padronizar conceitos, pode ser criado um dicionário de termos ou glossário de termos, que é um relato de termos próprios, conceitos adotados ou palavras especiais utilizadas na organização e no projeto com respectivos significados.

3.1.4 Definir o objetivo do projeto de inteligência organizacional

Além do conceito adotado de inteligência organizacional e de projeto de inteligência organizacional, deve ser discutido, entendido, adotado e divulgado o objetivo do referido projeto, deixando claro para que ele está ou estará sendo elaborado. Algumas organizações ainda elaboram projetos sem saber seu conceito e muito menos para que serve o projeto em elaboração. Isso pode causar insegurança e danos irreversíveis para a inteligência da organização e para as diferentes pessoas envolvidas.

O objetivo do projeto de inteligência organizacional está relacionado com as múltiplas atividades de definição e esclarecimento coletivo do que se almeja para a organização. O objetivo deve ser amplamente discutido e coletivamente assumido. A formalização do objetivo prepara as pessoas para a elaboração do projeto de inteligência organizacional por meio de modelo ou roteiro e métodos determinados para sua planificação. Trata-se de um processo que leva ao estabelecimento de um conjunto coordenado de ações organizacionais coletivas visando determinados alvos predefinidos.

As organizações privadas podem ter como objetivo o lucro, a perenidade, a sobrevivência e correlatos. As organizações públicas, não obstante seu objeto social público ou sua definição de atividade pública, podem ter como objetivo final o atendimento adequado ao cidadão e até mesmo a discussão de questões sociais pertinentes. Outras organizações, a melhoria dos resultados, a obtenção de diferenciais frente aos concorrentes ou competidores, a estruturação de processos, entre outros objetivos paralelos à inteligência organizacional.

Tendo em vista que o projeto inteligência organizacional pode envolver diferentes e divergentes interesses, estabelecer coletiva e participativamente o objetivo para esse projeto é fundamental para seu sucesso e é inexorável para a convivência das pessoas envolvidas. Essencialmente, o objetivo da inteligência organizacional está relacionado com o conceito adotado e com a razão de sua elaboração.

Frequentemente, o objetivo do projeto de inteligência organizacional está relacionado com duas vertentes. A primeira vertente pode ter como objetivo a revitalização da organização ou a sedimentação de um produto ou serviço, a ampliação da lucratividade, e ainda a busca de um diferencial e a distância do convencional, do trivial, do básico ou do comum. Como segunda vertente, o projeto pode ser relacionado com um plano de negócio que pode ter como objetivo a abertura de uma organização inteligente.

Não se deve iniciar um projeto sem saber seu objetivo, pois cada projeto tem seu objetivo.

O objetivo deve ser descrito por meio de textos com objetivação precisa dele. Deve ficar claro para toda a organização e todos os envolvidos o motivo da elaboração do projeto de inteligência organizacional.

Por opção, também pode ser relatado o contexto desejado do projeto de inteligência organizacional a ser elaborado, bem como eventuais versões anteriores, mesmo que sejam parciais ou diferentes.

3.1.5 Definir o modelo e a metodologia do projeto de inteligência organizacional

Com o entendimento do conceito e com a definição do objetivo do projeto de inteligência organizacional, um modelo e uma metodologia devem ser discutidos, entendidos, adotados e divulgados para formalizar como ele será elaborado por meio de fases, subfases, produtos externados e pontos de avaliação ou aprovação.

A abrangência ou escopo do projeto é determinado pelos produtos gerados em cada subfase das fases da metodologia adotada para o projeto de inteligência organizacional e respectivos subprojetos.

O modelo e a metodologia deverão ser utilizados pelas pessoas envolvidas para execução de todas as atividades do referido projeto. A definição do modelo e da metodologia do projeto possibilita equalizar conceitos adotados e igualar entendimentos da organização para a elaboração coletiva e participativa do projeto. Permite também que todos trabalhem utilizando um roteiro que foi adotado participativamente, pois, quando um modelo e uma metodologia são determinados por algumas pessoas, outras pessoas podem não aceitar ou podem não se motivar para sua execução. O modelo e a metodologia devem ser da organização e para todos os envolvidos no projeto. Não se deve iniciar um projeto sem saber como detalhadamente será elaborado, ou seja, sem um modelo e uma metodologia adotados, não se deve elaborar projetos nas organizações inteligentes (ver Seção 2.3).

Quando não existe um modelo e uma metodologia adotados, corre-se o risco de cada um dos envolvidos fazer o que quer e como quer. Isso também pode causar insegurança e danos irreversíveis para a inteligência da organização e para as diferentes pessoas envolvidas.

Nem todos os envolvidos no projeto precisam necessariamente saber como fazer as fases e as subfases, mas todos devem entender quais os produtos que serão externados pelo projeto para que possam coletiva e participativamente aprovar o que está ou estará sendo elaborado no projeto.

O modelo e a metodologia adotados devem ser descritos por meio de desenhos ou textos com definição precisa deles e de suas integrações. Deve ficar claro para toda a organização e todos os envolvidos como será elaborado o projeto de inteligência organizacional. Deve-se, no mínimo, formalizar as fases da metodologia adotada e, se possível, suas subfases, os produtos externados e os pontos de avaliação ou aprovação.

Por opção, também podem ser relatadas outras abordagens técnicas da ciência da administração, tais como outros modelos, métodos, instrumentos, processos e procedimentos pertinentes.

3.1.6 Definir a equipe multidisciplinar do projeto de inteligência organizacional

O modelo e a metodologia adotados necessariamente exigirão a formalização de uma equipe multidisciplinar para elaborar o projeto de inteligência organizacional. A equipe multidisciplinar se constitui em uma parte fundamental para o sucesso desse projeto coletivo e participativo. A partir do modelo adotado, as fases e as respectivas subfases da metodologia adotada de inteligência organizacional devem ser elaboradas pelos componentes da equipe multidisciplinar atuando de maneira interdisciplinar e coletiva.

Algumas organizações preferem chamar a equipe multidisciplinar de: comitê gestor; comitês de trabalho; grupo de trabalho; colegiado de responsáveis; time de trabalho; equipe multifuncional; célula de atividades; entre outros nomes correlatos. A equipe multidisciplinar reúne talentos de diversas e diferentes competências, vivências, experiências, interesses e valores. O somatório dessas variáveis e de distintos conhecimentos possibilitam a geração de produtos consistentes no projeto de inteligência organizacional.

A equipe multidisciplinar pode ser adequada para cada projeto e para **cada organização, respeitando sua cultura, sua filosofia e suas políticas.** Todos os componentes da equipe devem ter os respectivos planos de trabalho, individuais e coletivos.

Antes de iniciar o projeto inteligência organizacional, é fundamental **definir as pessoas que estarão direta e indiretamente envolvidas** com a realização de todas as fases e subfases do projeto. Na abordagem da equipe multidisciplinar, seus componentes assumem papéis específicos. Os principais papéis são: patrocinador (ou patrocinadores) do projeto de inteligência organizacional; gestor do projeto de inteligência organizacional; equipe das seis funções organizacionais. Uma equipe de tecnologia da informação também é recomendada, tendo em vista que a organização ou seus concorrentes ou competidores podem utilizar esse recurso em suas estratégias e ações organizacionais.

Os demais interessados na organização e em sua inteligência podem ser chamados de *stakeholders* ou *atores sociais externos*. Podem se constituir de pessoas jurídicas e pessoas físicas interessadas na organização, seja de forma positiva ou negativa. São pessoas que representam outras organizações privadas ou públicas, organizações sem fins lucrativos, instituições, associações, conselhos regionais, comunidades, partidos políticos, igrejas, grupos específicos formais e informais (por exemplo, escoteiros, religiosos, conselhos regionais profissionais, centros de tradições, mídias, grupos ilícitos), governo federal, estadual e municipal e o próprio cidadão. Em especial, nas organizações públicas, o cidadão é parte fundamental da equipe do projeto de inteligência organizacional.

Os eventuais consultores ou assessores internos ou externos se constituem em opções. Também podem ser agregadas outras pessoas para compor a equipe multidisciplinar, tais como coordenadores, técnicos, especialistas e outras pessoas com competências específicas. Ainda, determinados fornecedores, parceiros, terceiros ou prestadores de serviços também podem compor a equipe multidisciplinar.

O patrocinador do projeto de inteligência organizacional pode ser o presidente ou um diretor, sócio, proprietário ou outra pessoa ligada à alta administração do negócio privado ou da atividade pública da organização. Nos governos (federal, estadual e municipal), pode ser o mais alto executivo ou um secretário. Tem alto poder de decisão, formal e informal, que determina os objetivos específicos e os prazos. Exerce forte influência política junto aos outros sócios ou diretores e gestores. Negocia os planos de trabalho e respectivas pessoas, datas ou cronogramas. Participa das reuniões, aprovações e avaliações dos resultados ou produtos das fases da metodologia adotada. Pode ser mais de uma pessoa, mas preferencialmente deve ser apenas uma pessoa para direcionar o projeto. No caso de um novo empreendimento, pode ser o investidor ou investidores.

O gestor do projeto de inteligência organizacional pode ser uma pessoa ligada ao corpo gestor do negócio privado ou da atividade pública organização. É o "dono" executivo do projeto. Deve ter poder de decisão. Tem participação direta e efetiva no projeto, em todas as reuniões, aprovações e avaliação de todos os resultados ou produtos das fases e das subfases da metodologia adotada. É responsável pela elaboração e pelo cumprimento dos planos de trabalho e respectivas pessoas, datas ou cronogramas. O gestor constitui-se na pessoa mais relevante para elaborar, gerir e implementar o projeto. Nesse caso, uma escolha não bem feita pode ocasionar seu insucesso.

A equipe das seis funções organizacionais pode ser composta por pessoas (por exemplo, chefes, técnicos, engenheiros, assistentes e auxiliares) de cada uma das seis funções organizacionais. São os executores das subfases e respectivas atividades dos planos de trabalho e respectivas datas ou cronogramas. Pode existir no projeto mais de uma equipe, principalmente quando são atribuídas atividades especiais ou predefinidas por um tempo limitado.

A equipe da tecnologia da informação pode ser composta por gestores ou técnicos em informática, tais como gerentes de informática, consultores ou assessores de tecnologia da informação, analistas de sistemas, analistas de informações, engenheiros de software, analistas de suporte, programadores de computadores, entre outros profissionais dessa área. Representam a Unidade Departamental da Tecnologia da Informação da organização. Também são os executores das subfases e respectivas atividades dos planos de trabalho e respectivas datas ou cronogramas, principalmente as que envolvem os recursos tecnológicos.

A equipe multidisciplinar pode ser modificada durante o andamento do projeto para ajustar ou redirecionar seus objetivos e resultados. Uma pessoa pode assumir mais de um papel, principalmente nas pequenas organizações. As diferentes pessoas envolvidas de distintas formações acadêmicas, experiências profissionais e funções organizacionais atendem aos preceitos de uma equipe multidisciplinar, ou seja, um grupo de pessoas com múltiplos conhecimentos, interesses e competências. Com a metodologia adotada e a equipe multidisciplinar formada, a organização deixará claro como e por quem o projeto será elaborado.

Além da equipe multidisciplinar, outros comitês de trabalho podem ser sugeridos. Os comitês de trabalho são conjuntos de pessoas que podem participar ativamente na elaboração do projeto de inteligência organizacional. Os comitês de trabalho são grupos ou órgãos deliberativos e consultivos que buscam as participações, as discussões, os consensos e as aprovações das fases metodológicas do projeto de inteligência organizacional. Não obstante a capacidade de discutir, de resolver, de decidir e de deliberar, os comitês também devem coletivamente buscar dados, divulgar informações e disseminar os conhecimentos das pessoas envolvidas no projeto. Essas atividades evidenciam a cooperação entre os envolvidos. Os comitês de trabalho propiciam às pessoas o franco envolvimento no projeto de inteligência organizacional para buscar o atendimento de seus anseios individuais e coletivos. A organização pode optar em ter comitês de trabalho específicos, permanentes ou temporários, como, por exemplo, de produção ou serviços, de *marketing*, de finanças, entre outros.

Os componentes da equipe multidisciplinar ou comitê gestor deve ser nominados com a definição precisa da referida equipe. Deve ficar claro para toda a organização e todos os envolvidos quem vai elaborar o projeto de inteligência organizacional.

Deve-se, no mínimo, formalizar os papéis ou funções das pessoas envolvidas no projeto, tais como patrocinador do projeto (ou patrocinadores), gestor do projeto, equipe das seis funções organizacionais e a equipe da tecnologia da informação. Os eventuais consultores ou assessores internos ou externos se constituem em opções. Como sugestão, pode-se elaborar três colunas contendo: papéis; nome das pessoas; identificação ou função (ou cargo) ou área (unidade departamental) de cada pessoa envolvida no projeto de inteligência organizacional.

Por opção, também podem ser relatados o perfil da equipe multidisciplinar com indicadores individuais, tais como envolvimento, motivação e conhecimento do projeto em questão.

3.1.7 Divulgar o projeto de inteligência organizacional
Após toda a formalização das subfases anteriores, para a obtenção do sucesso do projeto de inteligência organizacional, uma ampla e participativa divulgação dele deve ser feita para todas as pessoas na organização, incluindo, por opção, o meio ambiente externo envolvido.

A divulgação pode ser feita por meio de documentos formais, mas também via reuniões, visitas e conversas informais. Os recursos da tecnologia da informação, em especial de internet e técnicas e instrumentos formais ou informais do *marketing* positivo, podem facilitar essas atividades.

Excepcionalmente, um projeto não deve ser divulgado por questões de sigilo, como o lançamento de um produto ou serviço ou a abertura de um empreendimento ou nova organização.

A ênfase da divulgação está na angariação de simpatizantes pelo projeto, na motivação das pessoas e no efetivo envolvimento e comprometimento de todos na organização. Pode ser entendida como a "venda" ou como a articulação do projeto na organização. Tal atividade também permite comunicar o início e o andamento do projeto, bem como a recepção de contribuições das pessoas do meio ambiente interno e, eventualmente, do meio ambiente externo à organização. A divulgação formal e informal do projeto se constitui em um inexorável instrumento de articulação, planejamento, desenvolvimento e conclusão do projeto de inteligência organizacional. Acredita-se que, quando as pessoas da organização foram envolvidas desde o início do projeto, o indicador de motivação e envolvimento são mais favoráveis. Por outro lado, não se deve iniciar um projeto sem informar a todos na organização sobre seu início, planejamento, execução ou desenvolvimento, pontos de controle e aprovação e encerramento. Frequentemente, o projeto mobiliza muitas pessoas nas organizações em suas diversas funções organizacionais e áreas funcionais (ou unidades departamentais) e, quando não informado, pode causar alguns desconfortos ou problemas. Nesse sentido, a ampla divulgação pode minimizar problemas e facilitar a adequada execução do projeto.

A divulgação deve ser formalizada por meio de documentos pertinentes e também pode ser elaborada de maneira informal. **Deve ficar claro para toda a organização e todos os envolvidos (e, eventualmente, o meio ambiente externo envolvido) como, quando e por quem será elaborado o projeto de inteligência organizacional.**

Por opção, algumas técnicas e instrumentos formais ou informais do *marketing* positivo (ou *marketing* **pessoal, marketing de guerra e correlatos**) podem ser utilizados, tais como eventos, cartas, memorandos, editoriais internos ou jornais externos, relatórios, recursos da internet e demais mídias locais.

3.1.8 **Capacitar os envolvidos no projeto de inteligência organizacional**

Juntamente das atividades de divulgação, a capacitação de todas as pessoas que serão envolvidas no projeto deve ser providenciada, principalmente para os componentes da equipe multidisciplinar.

A elaboração do projeto de inteligência organizacional requer a aquisição de competências para todas as pessoas envolvidas. O desenvolvimento do projeto não deve ser iniciado sem que todos os envolvidos estejam capacitados. A aquisição de competências deve ser providenciada para todas as pessoas envolvidas no projeto, principalmente a equipe multidisciplinar. Para tanto, a definição das necessidades de capacitações deve ser descrita. Com a descrição das necessidades de capacitação, os treinamentos para elaboração do projeto podem ser iniciados. Eventualmente, determinadas capacitações podem se realizar durante o projeto, conforme as necessidades e, ainda, após a finalização do projeto.

É importante conscientizar as pessoas que compõem a equipe multidisciplinar e os eventuais comitês de trabalho do projeto de inteligência organizacional quanto ao seu papel nas respectivas subfases e atividades no projeto. Nesse sentido, é relevante que todas as pessoas se sintam seguras na elaboração de suas subfases, seja nas atividades diretamente relacionadas com as fases do projeto, seja nas atividades de participação parcial ou pontual, seja nas atividades de avaliação e aprovação do projeto de inteligência organizacional.

Como exemplo de capacitação, talvez seja necessário capacitar os envolvidos no negócio (para organizações privadas) ou na atividade pública (para organizações públicas) e nos produtos ou serviços da organização, no instrumento ou técnica selecionada de gestão de projetos e na elaboração de cada uma das fases e subfases da metodologia adotada. Também pode ser necessário capacitação na exigência dos resultados financeiros e não financeiros, nos resultados sociais do projeto, entre outras capacitações. Dessa forma, cada pessoa que não tenha domínio de determinada subfase, atividade ou tarefa, com a capacitação recebida, passa a entender, elaborar e aprovar a referida subfase com mais competência ou de maneira mais adequada.

Os componentes da equipe multidisciplinar do projeto devem se sentir seguros no momento da elaboração das fases e subfases do projeto de inteligência organizacional e seus respectivos subprojetos. Não se deve iniciar um projeto sem ter domínio ou competência de como elaborá-lo.

Como sugestão, um pequeno projeto (eventualmente distinto do atual ou pretendido) pode ser elaborado, passando por todas as fases e subfases da metodologia adotada. Reiterando, não se deve iniciar um projeto sem saber como efetivamente fazê-lo.

A capacitação de todos os envolvidos deve ser formalmente providenciada, principalmente para os componentes da equipe multidisciplinar. Como sugestão, pode-se elaborar três colunas contendo: nome da pessoa a ser capacitada; nome da capacitação necessária; e quando (antes, durante ou depois do projeto).

Pode-se incluir, ainda, data, local e pessoa física ou jurídica que realizou ou realizará a capacitação. Deve ficar claro para toda a organização e todos os envolvidos como cada fase e subfase do projeto deve ser elaborada, bem como quais e de que forma os produtos serão externados nas subfases.

3.1.9 Definir os instrumentos de gestão do projeto de inteligência organizacional

Antes de iniciar o projeto de inteligência organizacional, o modelo e a forma de sua gestão por meio de um instrumento ou técnica de gestão de projetos devem ser amplamente discutidos, definidos e divulgados.

A ciência da administração enfatiza os modelos de gestão clássicos: autoritário; democrático; participativo e situacional. Tais modelos podem ser mesclados (mistos) na organização ou adotados diferentemente nos vários níveis hierárquicos da organização (alta administração, corpo gestor e corpo técnico). Reitera-se que a gestão participativa é a mais indicada para projetos nas organizações.

A gestão do projeto compreende o acompanhamento das atividades da equipe multidisciplinar. Essa gestão do projeto deve ser atuada no decorrer da elaboração e implementação do projeto, desde seu início até sua conclusão final. Contempla conhecimentos e aplicações da administração científica, da gestão de talentos, conflitos e interesses, do direcionamento dos investimentos, da manutenção dos investimentos e custos, da redução dos tempos de execução das atividades e da garantia da qualidade, produtividade, efetividade, economicidade e inteligência do projeto e da organização.

Para gerir as atividades requeridas pela metodologia adotada, bem como os planos de trabalho com seus responsáveis, tempo, recursos e demais detalhes do projeto, é necessário a escolha de pelo menos um modelo e instrumento ou técnica de gestão de projetos.

Os métodos de gestão de projetos disponíveis na literatura e no mercado podem contribuir nessa atividade. Inúmeras são as opções fornecidas pelo mercado, tais como: PODC; PDCA; ISO; 5S; PERT/CPM; PMBOK/PMI; entre outros, sejam de terceiros ou próprios da organização.

Os instrumentos ou técnicas de gestão do projeto vão desde um relatório de acompanhamento ou uma simples planilha eletrônica aos *softwares* sofisticados, específicos e patenteados.

O referido instrumento poderá ser utilizado no início, no planejamento, na elaboração, na conclusão ou encerramento e na implementação do projeto de inteligência organizacional.

Não se deve iniciar um projeto sem saber o modelo, método, instrumento ou técnica de gestão de projeto que serão utilizados na organização.

O modelo, o método, o instrumento ou técnica de gestão de projeto devem ser formalmente definidos, amplamente divulgados e efetivamente utilizados. Também é possível mesclar ou ter mais de um modelo, método e instrumento.

A gestão do projeto se constitui em um inexorável fator crítico de sucesso do projeto.

3.1.10 Elaborar o plano de trabalho do projeto de inteligência organizacional

Os planos de trabalho do projeto de inteligência organizacional também podem ser chamados de *planos de ações* ou *planos de execução* e já foram chamados de *cronograma de atividades*. A técnica 5W1H (do inglês: *who* – **quem**, *when* – quando, *what* – o quê, *where* – onde, *how* – como; e *why* – por quê) também pode facilitar a formalização dos planos de trabalho.

Os diferentes planos de trabalho da equipe multidisciplinar devem ser compatibilizados e integrados para sua formalização. As atividades ou ações podem ser estruturadas e descritas de maneira sequencial. Para sua realização, devem ser assegurados os recursos necessários. Eventualmente, algumas atividades ou ações podem ser permanentes, sem prazo de término, e outras podem ser temporárias, com início e fim definidos. Os planos devem ser elaborados de maneira participativa e com o envolvimento das pessoas das diversas funções organizacionais relacionadas com o projeto de inteligência organizacional. Devem ser amplamente divulgados em toda a organização. Todo esforço de divulgação tem como objetivo a busca de envolvimento, motivação e comprometimento de todos. Para tanto, é vital promover e incentivar a participação direta ou indireta das pessoas da organização.

O plano de trabalho deve ser formalizado por meio dos planos de atividades para toda equipe multidisciplinar envolvida, definindo: atividades ou tarefas ou ações a serem elaboradas; responsáveis pelas atividades; período ou tempo para realização das atividades; e recursos necessários para tanto.

As atividades ou tarefas ou ações descrevem "o que fazer". Podem-se distribuir atividades de maneira coletiva ou individual. Essas atividades devem contemplar, no mínimo, todas as subfases da metodologia adotada de inteligência organizacional. Independentemente da forma de atuação das pessoas envolvidas, os planos de trabalho devem ser sempre elaborados, uma vez que elas podem atuar de modo direto, indireto ou apenas nas avaliações e aprovações do projeto.

Os responsáveis descrevem "quem fará" cada atividade. Podem ser pessoas físicas, pessoas jurídicas, unidades departamentais ou, ainda, papéis, cargos ou funções específicas relacionados com a equipe multidisciplinar do projeto (por exemplo, patrocinador, gestor, equipe das funções organizacionais, equipe da tecnologia da informação, assessoria externa, entre outras). O período ou tempo descreve "quando fazer" cada atividade. Podem ser datas previstas e realizadas, com dias de início e fim. Também podem ser prazos em horas, dias, semanas ou meses.

Uma prioridade pode ser descrita para estabelecer uma ordem de relevância das atividades a ser elaboradas e podem ser expressas em classes (A, B, C, D) ou em números sequenciais. Para alocar recursos e estimar tempo de recursos humanos, pode-se trabalhar com 8 horas/dia, 40 horas/semana e 160 horas/mês. Porém, quando a mesma pessoa ou equipe elabora outras atividades além do projeto de inteligência organizacional, pode-se estimar de 3 a 5 horas/dia.

Os recursos necessários descrevem "como fazer" cada atividade. Dizem respeito a todos os recursos necessários (por exemplo, materiais, equipamentos, computadores, veículos, salas, tecnologias etc.), bem como aos recursos e humanos envolvidos. Os recursos financeiros podem ser citados, mas devem ser formalizados detalhadamente.

Um orçamento financeiro prévio pode ser elaborado para a realização das subfases do projeto ou, ainda, um macro orçamento para as demais fases do projeto.

Por opção, ainda podem ser descritos "onde" serão realizadas as atividades e "por que" são necessárias as referidas atividades. Posteriormente, pode ser descrito um *status* que expressa o estado do andamento da atividade (não iniciada, realizada, em andamento, depende de outras etc.). Nessa subfase, podem ser definidos os papéis de trabalho (formulários ou documentos) que serão utilizados durante a elaboração e a implantação do projeto de inteligência organizacional.

O plano de trabalho pode ser revisado semanalmente, mensalmente ou em outro tempo predefinido, conforme o andamento do projeto. Mas, indubitavelmente, não se deve iniciar um projeto sem saber formalmente o "que", "quem" e "quando" fazer e pelo menos com quais recursos.

3.2 Fase 1 – Diagnosticar a organização e os subprojetos de inteligência organizacional

O diagnóstico da organização e dos subprojetos de inteligência organizacional deve ser elaborado após a conclusão da Fase 0 do projeto.

O processo de estabelecer formalmente o diagnóstico pode obedecer a diversas metodologias e a diferentes técnicas. A referida fase pode ser desmembrada em subfases. Entre essas subfases, destacam-se como fundamentais o diagnóstico da organização e dos subprojetos de inteligência organizacional.

O diagnóstico também pode ser chamado de *diagnóstico estratégico*, *análises estratégicas*, *análises organizacionais*, *análise do meio ambiente*, entre outros nomes correlatos. Podem ser elaborados, por opção, em duas formas: atual (situação existente) e futura (situação proposta e desejada ou condição potencial da organização). O diagnóstico pode ser elaborado em três visões temporais. A primeira visão temporal está relacionada com o passado, analisando o ontem da organização e de seu meio ambiente interno e externo. A segunda visão temporal está focada para o presente ou momento atual, analisando o hoje da organização e de seu meio ambiente interno e externo. E a terceira visão temporal está direcionada para o futuro, no próximo momento, no próximo desafio, a fim de se constituir na dimensão crítica para o sucesso permanente da organização.

As análises estão essencialmente relacionadas com observações críticas, com decomposições de atividades, com classificações de ações, com apreciações detalhadas, com monitoramentos específicos, com exames minuciosos e com possibilidades de correções. E pressupõem avaliação essencialmente em dois aspectos: positivo ou negativo; bom ou ruim; adequado ou inadequado; suficiente ou insuficiente; e outros termos correlatos. Mas não basta apenas citar esses aspectos, é preciso analisar, diagnosticar, avaliar, calcular, descrever, comentar, apreciar, ou seja, posicionar-se detalhadamente a respeito do que se está analisando. Essas atividades devem ser elaboradas da forma verdadeira, pois qualquer posição questionável ou incerta nessa fase prejudicará o projeto de planejamento estratégico como um todo na organização.

Os dados, as informações e os indicadores da organização e os conhecimentos das pessoas envolvidas ou interessadas são recursos imprescindíveis para a elaboração do diagnóstico. Nesse caso, os sistemas de informação, os sistemas de conhecimentos e a tecnologia da informação (e o governo eletrônico para as organizações públicas) se constituem em instrumentos fundamentais para sua elaboração, organização e documentação. Para tanto, o uso de editores de textos, planilhas eletrônicas e programas de *software* específicos são muito úteis para facilitar e padronizar as atividades pertinentes a cada subfase do diagnóstico. O senso comum não deve ser utilizado.

3.2.1 Diagnosticar a organização

O diagnóstico da organização pode considerar diferentes e distintas análises, incluindo seu detalhamento ou não. As análises devem enfatizar separadamente os produtos ou serviços da organização, e não o negócio privado ou a atividade pública que é mais abrangente. Reitera-se que determinado negócio privado ou atividade pública pode ter diferentes produtos ou serviços em distintos ambientes ou setores, segmentos ou ramos.

A análise das funções organizacionais considera as macroatividades das organizações, sem as quais elas não funcionariam em sua plenitude. Estão presentes em todas as organizações privadas ou públicas, independentemente de seu tipo de negócio privado ou atividade pública, de produtos ou serviços, de objetivo e de tamanho. Reitera-se: nas organizações públicas, também são chamadas de *funções públicas*, e nas organizações privadas, também são chamadas de *funções empresariais*. São seis as funções organizacionais (ou subsistemas organizacionais): produção ou serviços; comercial ou *marketing*; materiais ou logística; financeira; recursos humanos; jurídico-legal. Essas seis funções organizacionais devem ser integradas por meio dos módulos ou subsistemas em que se decompõem. Os módulos podem se apresentar de maneira diferente de organização para organização.

A análise setorial da organização está direcionada ao setor, segmento, ramo, negócio privado ou atividade pública em que a organização atua ou atuará. Permite entender, verificar e conhecer o contexto, principalmente político e econômico, em que a organização está produzindo produtos ou prestando serviços, identificando tendências, impactos e outras questões favoráveis ou desfavoráveis. Perceber como a organização se posiciona no respectivo setor de negócio privado ou atividade pública é o foco dessa análise. Também é chamada de *análise das cinco forças de Porter* ou *análise simplificada de Porter* (Porter, 1990) e contempla as abordagens:

clientes; fornecedores; concorrentes existentes; novos concorrentes ou novos entrantes; produtos ou serviços substitutos.

A análise da estrutura organizacional está relacionada com a formalização das responsabilidades, autoridades, comunicações e decisões das unidades organizacionais da organização, projetando, ordenando, padronizando e coordenando as atividades e os relacionamentos de seus níveis hierárquicos e de suas decisões. Requer a distribuição das pessoas nas posições e nos papéis a ser desempenhados por elas por meio da estruturação de seus processos para elaborar os serviços ou produzir os produtos, atingir os objetivos organizacionais e facilitar o negócio privado ou a atividade pública.

A análise do modelo de gestão da organização pode ser entendida como um sistema de regras relativas à gestão do negócio ou atividade da organização e de seus produtos ou serviços. Está relacionada com ações delineadoras de gestão e com atividades condicionadoras de execução pelos subordinados, formalizando a maneira pela qual a organização busca **solucionar seus problemas e gerir suas funções organizacionais.** Busca a interação entre os níveis hierárquicos (alta administração, corpo gestor e **corpo técnico ou operacional) coordenando processos de trabalho e equipes de pessoas.** Pode basear-se na premissa de que as pessoas em todos os níveis hierárquicos devem conhecer os objetivos da organização, dominar **atividades técnicas de trabalho, promover melhorias, identificar contribuições,** buscar alternativas, compreender impactos e facilitar a inteligência dos negócios ou atividades. O modelo e a forma de gestão da organização estão intimamente ligados a seus sistemas organizacionais e à respectiva estrutura organizacional. Resumidamente, as organizações estão vinculadas a quatro modelos de gestão ou à mescla deles: autoritário; democrático; participativo; e situacional.

A análise dos sistemas de informação e da tecnologia da informação da organização considera os recursos fundamentais e inexoráveis para a **agilidade, a efetividade, o sucesso e a inteligência da organização.** Mesmo para as pequenas organizações, esses recursos são indispensáveis, pois as relações com o meio ambiente externo requerem sua utilização. É muito difícil construir e utilizar sistemas de informação nas organizações sem envolver a inexorável tecnologia da informação. Os sistemas de informação, independentemente de seu nível ou classificação, objetivam auxiliar os processos decisórios nas organizações. Podem ser classificados em diversas formas ou tipos. Essas classificações visam contribuir para as atividades de planejamento, desenvolvimento ou aquisição de soluções para as organizações. A classificação dos sistemas de informação segundo a abrangência da organização se verifica nos níveis: pessoal; de um grupo ou departamental; organizacional; e interorganizacionais. Do ponto de vista do ciclo evolutivo, os sistemas de informação podem ser classificados em: manuais; mecanizados; informatizados; e automatizados. A partir do planejamento estratégico das necessidades de informação na organização, os sistemas de informação podem ser classificados de acordo com a entrada na organização em: desenvolvimento (interno ou externo); aquisição; e manutenção ou adaptação. Segundo o critério de suporte a decisões, a classificação dos sistemas de informação pode ser: operacional, gerencial e estratégico (Rezende, 2013; Rezende; Abreu, 2013).

A tecnologia da informação, anteriormente chamada de *processamento de dados* ou *informática*, pode ser entendida como o conjunto de recursos computacionais para processar dados e gerar informações. Está fundamentada nos componentes: *hardware* e seus dispositivos e periféricos; *software* e seus recursos; sistemas de telecomunicações; e gestão de dados e informações (Rezende; Abreu, 2013).

A análise das influências na organização considera as influências do meio ambiente externo por diferentes variáveis. Tais variáveis devem ser analisadas para entender o quanto elas influenciam o negócio privado ou a atividade pública, seus produtos ou serviços e os objetivos da organização. Essa análise complementa as demais análises necessárias para diagnosticar a organização e enfatiza os ambientes: legal ou de legislação; econômico; demográfico; tecnológico e inovador; social; cultural; político; natural, e ecológico ou meio ambiente.

A análise dos ambientes da organização contempla tudo que circunda ou envolve a organização e suas pessoas por todos os lados, ou seja, o meio ambiente interno e externo. Considera essencialmente o mapeamento ambiental da organização ou a análise de seu meio ambiente interno ou externo e pode ser elaborada por meio da técnica das forças e fraquezas, ameaças e oportunidades. A referida técnica é chamada na língua inglesa de *SWOT (strengths, weaknesses, opportunities, threats)* e na língua espanhola de *FDOA (fortalezas, debilidades, oportunidades, amenazas)* (Andrews, 1980). As oportunidades e as ameaças ou riscos são componentes do meio ambiente externo. As forças ou pontos fortes e as fraquezas ou pontos fracos são componentes do meio ambiente interno.

A análise dos fatores críticos de sucesso da organização leva em conta os elementos essenciais do negócio privado ou da atividade pública, sem os quais a organização não terá resultado positivo ou adequado. São as capacidades e os recursos absolutamente necessários para a organização atuar e se constituem em pontos fortes da organização. Podem definir atividades de desempenho para a organização alcançar seus objetivos, completar sua missão, concluir sua visão e formalizar suas políticas. Está relacionada com os detalhes ou elementos diferenciados, peculiares e específicos que fazem ou farão a diferença entre o sucesso ou o fracasso da organização. Devem ser coerentes com os objetivos e estratégias da organização.

Outras eventuais análises ainda podem ser elaboradas para sedimentar o projeto de planejamento estratégico. Essas outras análises servem principalmente para que a organização faça uma reflexão para verificar se não se esqueceu de elaborar alguma análise que possa influenciar as decisões de seus gestores.

O concorrente ou competidor pode ser citado e avaliado. Quando existem muitos concorrentes ou competidores, podem ser selecionados os mais relevantes. Quando os concorrentes ou competidores não são identificados, os produtos ou serviços substitutos devem ser analisados. Uma análise comparativa entre eles também pode ser elaborada.

3.2.2 Relacionar os subprojetos existentes de inteligência organizacional

Uma relação de subprojetos existentes pode ser elaborada para a realização do projeto de inteligência organizacional.

A relação pode ser com base nos subprojetos formais existentes ou com base nas atividades relacionadas com os subprojetos de inteligência organizacional mencionados na Seção 2.3, bem como nas atividades pertinentes descritas na Seção 2.4.

Muitas vezes, a organização não tem formalmente projetos relacionados com inteligência organizacional, mas pode contar com atividades relacionadas aos conceitos diretos ou indiretos de inteligência organizacional ou, ainda, com outros conceitos de inteligência adotados pela organização. Essas atividades também devem ser relacionadas, pois podem contribuir com a inteligência da organização.

3.2.3 Diagnosticar os subprojetos de inteligência organizacional

O diagnóstico dos subprojetos de inteligência organizacional contempla todos os subprojetos e todas as atividades relacionadas com os conceitos diretos ou indiretos de inteligência organizacional.

Além da relação de subprojetos existentes, um plano de trabalho pode ser elaborado com as etapas: preparação e controle; realização do levantamento de dados e identificação dos subprojetos ou atividades de inteligência organizacional; análise e interpretação de dados, informações, conhecimentos, subprojetos ou atividades; e conclusão e documentação. A primeira etapa requer um plano de trabalho para a equipe do projeto. Podem ser utilizadas diferentes técnicas para o levantamento de dados, incluindo de gestão de projetos e de organização e métodos (O&M), tais como observação pessoal, questionário, entrevista, seminário e pesquisa.

Os subprojetos ou atividades de inteligência organizacional identificados devem ser descritos e detalhados para que sejam conhecidos e assimilados. A descrição pode apresentar os seguintes itens ou correlatos: nome; conceito; objetivo; abrangência; justificativa de sua existência; características; tipo ou classificação; especificações; produtos ou saídas; volumes; depósitos de dados (arquivos); integrações; clientes ou usuários; fornecedor (ou proprietário); *software* utilizado; aspectos positivos; desafios ou problemas; sugestões de melhorias; custos, benefícios, riscos e viabilidade; tempo de vida; documentações; data e responsável pelo preenchimento; e outros detalhes. Essa descrição deve atender aos níveis de detalhamento de acordo com os padrões exigidos pela equipe do projeto e com o grau de necessidade da organização.

Uma vez que todos os subprojetos ou atividades de inteligência organizacional foram identificados e descritos, eles podem ser criteriosamente avaliados. A avaliação pode dar ênfase para os pontos fortes e os pontos fracos, bem como para o grau de satisfação ou atendimento às necessidades do cliente ou usuário e para os objetivos e negócios ou atividade da organização e respectivos indicadores planejados.

Um formulário (ou tabela ou quadro-resumo) pode ser utilizado para facilitar essa avaliação, o qual pode conter os critérios de avaliação.

3.3 Fase 2 – Propor subprojetos de inteligência organizacional

A proposta dos subprojetos de inteligência organizacional deve ser elaborada após a conclusão da Fase 0 do projeto e do diagnóstico ou análise da organização e dos subprojetos existentes.

O processo de estabelecer formalmente a proposta dos subprojetos de inteligência organizacional pode obedecer a diversas metodologias e a diferentes técnicas. A referida fase pode ser desmembrada em subfases. Entre essas subfases, destacam-se como fundamentais a formalização do objetivo, da estratégia e das ações dos subprojetos de inteligência organizacional.

Ainda, além da formalização do objetivo, da estratégia e das ações, cada subprojeto de inteligência organizacional pode elaborar sua específica Fase 0, bem como um detalhado documento contendo todas as particularidades do referido subprojeto proposto, utilizando para isso as diferentes opções de modelo, método, instrumento ou técnica de gestão de projeto.

3.3.1 Relacionar os subprojetos propostos de inteligência organizacional

Uma relação de subprojetos propostos pode ser elaborada para a realização do projeto de inteligência organizacional.

A relação pode ser com base nos subprojetos diagnosticados, e a classificação pode ser aleatória e por diferentes abordagens. Por exemplo, a primeira abordagem pode ser direcionada para os produtos ou serviços da organização. A segunda abordagem pode ser direcionada para as seis funções organizacionais. A terceira abordagem pode ser direcionada para a filosofia ou conceito do *balanced scorecard* (Kaplan; Norton, 1996), entre outras alternativas disponíveis no mercado.

3.3.2 Definir o objetivo do subprojeto de inteligência organizacional

O objetivo do subprojeto de inteligência organizacional descreve o que fazer. É um alvo qualificado e quantificado. Os indicadores permitem a qualificação e as respectivas metas permitem a quantificação dos objetivos.

Basta adicionar um verbo no infinitivo ao subprojeto proposto, por exemplo: elaborar...; desenvolver...; criar...; rever...; ampliar...; prestar...; oferecer...; atender...; crescer...; aumentar...; melhorar...; sedimentar... etc. até data x/ano y.

Deve ser descrito por meio de frases curtas, mencionando ainda "o quê", "quanto" e "quando" para sua realização. Ou seja, determinar temas, números, unidades ou volumes e um período de tempo, explicitando formalmente o que se quer estrategicamente conseguir, obter ou alcançar.

3.3.3 Formalizar a estratégia do subprojeto de inteligência organizacional

A estratégia do subprojeto de inteligência organizacional descreve como fazer. É o meio, a forma ou o caminho para atender ao objetivo. As estratégias se constituem em uma das atividades mais relevantes, questionadoras e intelectuais na elaboração do subprojeto de inteligência organizacional, preconizando seu sucesso.

Tal como no objetivo, a estratégia deve ser descrita por meio de frases curtas, iniciando com um verbo no infinitivo e um objeto ou tema em questão. As estratégias têm foco macro, abrangente ou amplo.

3.3.4 Descrever o plano de ações do subprojeto de inteligência organizacional

O plano de ações do subprojeto de inteligência organizacional detalha como fazer. As ações são as atividades para atender ou detalhar a estratégia do subprojeto de inteligência organizacional. Os planos de ações também podem ser chamados de *execução do subprojeto de inteligência organizacional*. Já foi chamado de *cronograma de atividades*. Para alguns administradores, o plano de ações é chamado de *plano de trabalho*.

A ação é a ponte entre a intenção e a realização. A estratégia nada significa até que se transforme em ação, e esta em resultados. Para tanto, é muito importante identificar o perfil e a competência das pessoas que executarão as ações.

Os planos de ações do subprojeto de inteligência organizacional devem ser compatibilizados e integrados para sua formalização (ver Subseção 3.1.10).

Para facilitar sua formalização, alguns exemplos de ações podem ser citados: preparar documento; formalizar equipe; descrever cargo; selecionar pessoas; contatar com fornecedores; elaborar contrato; organizar local de evento; imprimir folder; realizar evento; visitar clientes; estruturar indicadores; examinar local; limpar equipamento; analisar resultado; emitir relatório; arquivar impressos; entre outras atividades menos abrangentes e não amplas.

Por opção, também podem ser requeridos os resultados esperados para cada ação. Tais resultados podem estar relacionados com indicadores e metas, sejam operacionais, gerenciais ou estratégicos.

As ações de contingências também podem ser estabelecidas, ou seja, se determinada ação proposta não for possível de ser elaborada ou se forem observadas eventuais dificuldades na sua implementação, uma ou mais ações alternativas podem substituir a ação proposta.

3.4 Fase 3 – Realizar subprojetos de inteligência organizacional

A realização dos subprojetos de inteligência organizacional deve ser elaborada após a conclusão da Fase 0 do projeto, do diagnóstico ou da análise da organização e da proposta de subprojetos de inteligência organizacional.

O processo de estabelecer formalmente a realização dos subprojetos de inteligência organizacional também pode obedecer a diversas metodologias e a diferentes técnicas. A referida fase pode ser desmembrada em subfases. Entre essas subfases, destacam-se como fundamentais a formalização da execução, do controle e da periodicidade do subprojeto de inteligência organizacional.

3.4.1 Executar objetivo, estratégia e ações do subprojeto de inteligência organizacional

A execução dos subprojetos de inteligência organizacional considera a realização de seu objetivo, de sua estratégia e respectivas ações. É elaborada por meio do acompanhamento do andamento das ações ou atividades realizadas ou em realização dos subprojetos de inteligência organizacional.

Verifica também se o alvo qualificado e quantificado do objetivo do subprojeto de inteligência organizacional está sendo realizado por meio de seus indicadores e de suas metas, bem como se o meio, a forma ou o caminho para atender ao objetivo do subprojeto de inteligência organizacional está sendo realizado por meio de sua estratégia.

Em suma, se o êxito do subprojeto de inteligência organizacional é efetivo.

Recursos de gestão de projetos com seus respectivos relatórios, planilhas, gráficos e alertas, por meio de *software* ou não, podem acompanhar a execução do objetivo, da estratégia e das ações do subprojeto de inteligência organizacional.

3.4.2 Controlar o subprojeto de inteligência organizacional

O controle é fazer com que aconteça tudo da forma como foi proposto o subprojeto de inteligência organizacional. Consiste em um processo que oriente a atividade exercida para um fim previamente determinado. Está relacionado com a monitoração, o acompanhamento e a avaliação do subprojeto de inteligência organizacional visando melhorar, corrigir e garantir o funcionamento adequado.

Do ponto de vista das funções da administração ou dos processos administrativos, é um componente que acompanha, compara, mede e avalia as atividades da organização por meio de padrões previamente estabelecidos. A partir desses procedimentos, o controle pode fornecer aos gestores da organização subsídios para facilitar as decisões, bem como para corrigir caminhos, reforçar ações, interferir em processos e alcançar objetivos anteriormente planejados, organizados e dirigidos.

Um efetivo sistema de controle permitirá também verificar se as propostas de subprojetos de inteligência organizacional estavam corretas. Os principais objetivos dos controles são: definir padrões e medição de desempenho; acompanhar; corrigir desvios; e garantir o cumprimento da proposta de subprojeto de inteligência organizacional. Também visam analisar como está determinada atividade do subprojeto de inteligência organizacional, avaliando seu resultado e proporcionando eventuais ações de mudanças.

Os níveis de controle do subprojeto de inteligência organizacional podem ser divididos em estratégico, tático ou gerencial e operacional ou técnico. Ainda, podem envolver quatro etapas clássicas: estabelecer critérios, bases, normas, medidas, indicadores ou padrões; acompanhar e avaliar processos, produtos, desempenhos ou resultados; comparar os resultados com os padrões predefinidos; direcionar e agir de maneira corretiva ou disciplinar quando ocorrem dificuldades, dispersões ou desvios.

O controle estratégico do subprojeto de inteligência organizacional se concentra na monitoração e avaliação dos resultados estratégicos da organização. O controle tático ou gerencial do subprojeto de inteligência organizacional se concentra na monitoração e avaliação dos resultados táticos ou da gestão intermediária da organização. Já o controle operacional ou técnico do subprojeto de inteligência organizacional se concentra na monitoração e avaliação dos resultados operacionais ou técnicos da organização.

A partir da formalização dos níveis de controles, descrevendo "o quê" controlar e "quem" são os responsáveis, será necessário definir os meios para tais controles, sejam procedimentos manuais, sejam sistemas informatizados. Os controles informatizados também são chamados de *controles eletrônicos*, como, por exemplo, sistema eletrônico, auditoria eletrônica por meio de *software*. Os meios de controles estão direcionados para "como" e "quando" controlar. Para tanto, determinadas providências que podem impactar o desempenho organizacional devem ser formalizadas.

Os meios de controle do subprojeto de inteligência organizacional são diversos, tais como por meio de auditoria (eletrônica ou manual), sistemas de indicadores, sistemas de informação, tecnologia da informação, entre outros.

3.4.3 Definir a periodicidade do subprojeto de inteligência organizacional

Como a execução dos subprojetos de inteligência organizacional é um processo cíclico, ela deve formalizar seu período de validação ou abrangência e seu período de revisão. Dessa forma, a organização passa a ter os subprojetos de inteligência organizacional como um constante instrumento de gestão.

O período de validação ou abrangência do subprojeto de inteligência organizacional deve ser elaborado para um período ou tempo coerente com os objetivos e as ações das estratégias da organização. Normalmente, esse tempo é descrito em anos.

O período de revisão do subprojeto de inteligência organizacional deve ser determinado para verificar se o andamento dele está ou estará de acordo com o alcance de seu objetivo e coerente com sua estratégia e respectivas ações. Dessa forma, nesse período, será possível tomar decisões em tempo hábil para evitar problemas ou transtornos para a organização. As revisões podem ser, por exemplo: bimestral, trimestral, quadrimestral, semestral e até anual (dependendo também dos demais projetos estratégicos da organização).

Evidentemente que, mesmo com esse período ou tempo definido para as revisões, qualquer mudança no meio ambiente externo ou qualquer impacto no meio ambiente interno possibilitará uma imediata revisão no subprojeto de inteligência organizacional. Essas revisões são chamadas de *ocasionais* ou *situacionais*, que ocorrem principalmente quando os resultados ou os cenários forem diferentes do planejado.

Com as revisões, o subprojeto de inteligência organizacional torna-se mais dinâmico e contínuo na organização, facilitando suas versões subsequentes. É importante lembrar que, ao terminar o relatório final do subprojeto de inteligência organizacional, imediatamente se inicia a segunda versão dele.

Capítulo 4

Projeto de *software* de *Business Intelligence* (BI)

APÓS A elaboração do Projeto de Inteligência Organizacional (*Organizational Business Intelligence* – OBI) para a organização toda, o projeto de *software* de *Business Intelligence* (BI) pode ser iniciado com mais adequação, pois a inteligência organizacional foi pensada, dialogada e analisada por meio de diversos outros subprojetos.

Quando o projeto de *software* de BI é elaborado de modo independente, convencional (não inteligente) e não integrado com toda a organização, os desafios são maiores e provavelmente o *software* deixará a desejar na geração das informações, que, na maioria das vezes, não são personalizadas e oportunas para a tomada de decisões inteligentes da organização.

4.1 Informação nas organizações e *software* de *Business Intelligence*

A informação é um recurso efetivo, inexorável e inteligente para as organizações, principalmente quando planejada e disponibilizada de maneira personalizada e oportuna para facilitar as decisões e ações organizacionais (Rezende, 2013).

4.1.1 Dado, informação e conhecimento

O *dado* é um conjunto de letras, números ou dígitos que, tomado isoladamente, não transmite nenhum conhecimento, ou seja, não contém um significado claro. Pode ser entendido como um elemento da informação. Pode ser definido como *algo depositado* ou *armazenado*. Como exemplos, podem ser citados: 5; out.; 99,99; xyz.

Para conceituação inicial, a *informação* é todo o dado *trabalhado* ou *tratado*. Pode ser entendida como um dado com valor significativo atribuído ou agregado a ele e com um sentido natural e lógico para quem usa a informação. Pode ser definida como *algo útil*. Como exemplos, podem ser citados: nome do cliente; cor do automóvel; número de equipamentos; data de nascimento; valor do saldo bancário.

Quando a informação é "trabalhada" por pessoas e pelos recursos computacionais, possibilitando a geração de cenários, simulações e oportunidades, pode ser chamada de *conhecimento*. O conceito de conhecimento complementa o de informação com valor relevante e propósito definido. Pode ser definido como *percepções humanas* (tácitas) ou inferências computacionais. Como exemplos, podem ser citados: percepção da dificuldade de reversão de prejuízo futuro de uma atividade da organização; práticas que podem ser utilizadas em virtude do cenário atual, com base em experiências semelhantes anteriores; concepção de quais equipamentos, materiais e pessoas são vitais para um serviço; entendimento de quais contratos ativos podem ser negociados, visando à adequação à realidade de uma atividade.

De maneira geral, os dados e as informações apresentam-se em grande volume atualmente, disponibilizados nos mais diversos meios de comunicação, exigindo de todos a seleção e a organização das informações para sua efetiva utilização e para seu compartilhamento. Já os conhecimentos tácitos são mais difíceis de ser armazenados e compartilhados.

Os dados, as informações e os conhecimentos não podem ser confundidos com decisões (atos mentais, pensamentos), com ações (atos físicos, execuções) ou com processos ou procedimentos. Como exemplos, podem ser citadas as ações: ir ao banco; somar os valores; calcular os juros; pagar a conta. Observa-se que sempre um verbo no infinitivo é necessário para caracterizar uma decisão ou ação ou processo.

4.1.2 Características da informação

As informações, para que sejam úteis para as decisões, devem conter as seguintes características ou premissas: conteúdo único; exigem mais de duas palavras; sem generalizações; não são abstratas; sem verbos; e ainda, são diferentes de documentos, programas, arquivos ou correlatos.

A informação ter conteúdo único significa que, a cada momento, a informação tem um conteúdo, expresso por meio de números, letras ou ambos. Por exemplo: o nome do cliente só contém um nome; o número do CPF só pode ter um número; o valor do preço do produto só tem um valor por produto; a data da venda só pode ser de um dia. Quando a informação tiver mais de um conteúdo, eles devem ser explicitados. Por exemplo: estado civil (solteiro, casado, divorciado); cor do produto (verde, azul, vermelho); gênero do filme (ação, policial, romântico); forma de pagamento (a vista, a prazo); tipo de pagamento (dinheiro, cartão, cheque). Ainda assim, em cada momento da informação, o conteúdo será único.

A informação exige mais de duas palavras para deixar claro a que se refere, do que se trata, de qual objeto, a quem se destina etc. Por exemplo: saldo (saldo de que?); data (data da?); nome (nome de quem?); veículo (nome, tipo ou cor do veículo?).

A informação não pode ser generalizada, ou seja, cada informação é expressa em seu detalhe, é específica, exclusiva, determinada. Não pode ser múltipla, estendida, abrangente ou confusa. Erros comuns podem ser exemplificados: endereço; cadastro; perfil; balanço; características. Cada uma dessas palavras tem muitas informações concentradas.

A informação não pode ser abstrata, de compreensão difícil, obscura, vaga, irreal ou imaginária. Deve ser real, verdadeira, concreta. Confusões comuns podem ser exemplificadas: qualidade; virtude; espécie; frequência; belo; grande; inferior. Cada uma dessas palavras possibilita múltiplas interpretações.

A informação não pode ser formalizada por meio de um verbo em seu início, principalmente no tempo infinitivo, por exemplo: calcular, controlar; pagar; cobrar. Da mesma forma, é errado constar: cálculo; controle; pagamento; cobrança. Essas palavras não são informações, mas podem ser decisões, ações ou processos.

A informação não é um documento, programa, arquivo ou correlato. Tais palavras referem-se onde os dados ou informações podem ser armazenados, ou seja, eles podem conter dados e informações. Por exemplo: um **extrato bancário contém dados** (números ou letras) e pode conter informações, tal como um livro, um balanço contábil, um laudo médico, uma **planilha eletrônica**, um *software* qualquer, uma pasta de arquivo entre outros repositórios de dados.

Para facilitar o entendimento das características ou premissas da informação, as informações a seguir podem responder à pergunta: Quais são as informações necessárias para gerir uma conta bancária por meio de um talão de cheques? Entre as diversas informações, podem ser sugeridos os seguintes exemplos: número do banco; número da agência; número da conta; número do cheque; valor do cheque; nome do favorecido; data da emissão; número de folhas disponíveis; valor total dos créditos; valor total dos débitos; valor do saldo disponível; valor do saldo disponível futuro; tipo de cheque (simples; especial); data de compensação do cheque; tipo de despesa (alimentação; diversão; escola; vestuário).

As informações também podem ser separadas por conjuntos, coisas, assuntos, objetos, grupos, módulos ou sistemas de informações. Por exemplo, quando uma organização "vende algo", as informações necessárias podem ser separadas por: cliente (nome do cliente; CPF do cliente; telefone celular do cliente etc.); produto (nome do produto; preço do produto; cor do produto etc.); venda (quantidade vendida; valor total da venda etc.); estoque (quantidade disponível; preço de aquisição etc.); contas a receber (data do recebimento; valor total a receber etc.); e contabilidade (natureza do lançamento; valor do lançamento etc.) e outras separações.

Posteriormente, essas informações ainda podem ser separadas em diferentes tipos, tais como: operacional; gerencial; estratégica; trivial; personalizada; oportuna.

4.1.3 Sinergia da informação e desinformação

O conceito genérico de sinergia é *coerência* e *integração*. Dessa forma, a sinergia de informações pode ser resumida como as relações e integrações verticais e horizontais das informações. Relacionando com os conceitos de planejamento estratégico, sistemas de informação e gestão de tecnologia da informação, a sinergia é a coerência de informações, ideias, planos, direcionamentos, ações, com relações efetivas entre os níveis superiores, médios e inferiores, bem como seus paralelos.

Os sistemas de informação tratam com informações de qualidade. Infelizmente, em algumas organizações ainda aparecem os chamados *sistemas de desinformação*, manipulando e produzindo desinformação, dando conotação negativa à informação. A desinformação pode ser definida como conceitos, palavras, paradigmas etc., vistos de maneira paralela ou divergente por diferentes pessoas ou unidades departamentais da organização, seja de modo eletrônico, seja manual ou verbal. As desinformações nas organizações acontecem com grande frequência, gerando propositadamente informações desvirtuadas, deformadas ou falseadas, provocando erros, incertezas, dúvidas e insatisfação.

Um dicionário de termos pode minimizar essas distorções, pois define um significado próprio adotado pela organização para cada informação.

4.1.4 Informação como recurso estratégico

Mais do que nunca, a informação e os respectivos sistemas desempenham funções fundamentais nas organizações, apresentando-se como recurso estratégico para projetar e gerir organizações de maneira competitiva e inteligente.

Para dar conotação estratégica à informação, a organização comumente passa por um ciclo evolutivo na forma de estágios, tais como: iniciação; contágio; controle; integração; administração de dados; e maturidade (Nolan, 1982). Embora sua teoria na íntegra seja antiga, a adaptação para os dias atuais é muito profícua, principalmente com a inclusão do estágio de conhecimento.

O processo de aculturação da informação nas organizações poderá ser facilitado e efetivo se os gestores da organização e os clientes (ou usuários) estiverem participativos, conscientes e plenamente envolvidos com a utilização dos recursos da tecnologia da informação. A informação estratégica com suporte da tecnologia da informação pode acontecer de maneira evolutiva, e os sistemas de informação podem ser enquadrados ou classificados de diversas maneiras.

A informação hoje tem um valor altamente significativo e pode representar grande poder para quem a detém, seja pessoa, seja organização. O processo de valorização da informação cumpre algumas fases e passos lógicos (Weitzen, 1994). Pelo menos três passos são fundamentais para a valorização da informação, ou seja, conhecer, selecionar e usar as informações. A seleção mal elaborada pode causar danos incalculáveis no uso dessas informações. Uma vez que esses passos sejam elaborados, a informação tende a ser mais efetivamente estratégica.

A informação como recurso estratégico da organização retoma a discussão do papel dos gestores na organização que devem ser *infogestores*, termo utilizado para pessoas que detêm, compartilham ou vendem informações de modo empresarial ou pessoal. A ideia é fazer mais trabalho a um custo menor ou adequado, usando menos recursos, para fornecer um serviço melhor e com boas informações, dessa forma valorizando mais a informação, a gestão do conhecimento e a inteligência organizacional.

4.1.5 Informação personalizada

Toda e qualquer informação peculiar ou específica pode ser chamada de *informação personalizada*, seja da persona física ou jurídica, de um negócio, de um produto ou de um serviço diferenciado. Também pode estar relacionada com uma característica ímpar de um *prospect*, cliente, consumidor ou concorrente e até mesmo de um produto ou serviço.

À medida que se pretende compartilhar ou vender informações, a personalização merece atenção especial. As informações não personalizadas e de uso geral também são importantes, porém frequentemente de menor valor agregado.

A personalização da informação leva em conta os detalhes das informações do meio ambiente interno e externo relacionado com a organização. As tecnologias emergentes têm auxiliado a personalização das informações nas organizações. Essas tecnologias podem, de acordo com específicas bases de dados, gerar informações e conhecimentos relevantes para as organizações inteligentes, auxiliando na busca de perspectivas e alternativas de negócios no mercado ou de serviços públicos personalizados.

Exemplos de informação personalizadas: cor preferida de um cliente; marca de um produto predileto de um consumidor; peso de um hóspede de hotel; nome de uma doença peculiar de um paciente; data escolhida para visita de um vendedor; nome do banco eleito pelo pagador; nome de um serviço escolhido por um cidadão.

4.1.6 Informação oportuna

Toda e qualquer informação de qualidade inquestionável, porém antecipada pode ser chamada de *informação oportuna*. A informação oportuna é a antítese da informação do passado e a que não gera um cenário futuro e indiscutível.

Exemplos de informação oportunas: data do próximo feriado; quantidade de matéria-prima faltante no dia seguinte; número de unidades habitacionais disponíveis do hotel na semana seguinte; valor do saldo negativo bancário amanhã; valor do décimo terceiro em novembro; número de peças produzidas na próxima hora; data do feriado do mês vindouro. Os dias, as horas e os demais números devem sempre ser definidos.

Esse tipo de informação não pode ser confundido com previsão ou palpite. Deve ser baseada em dados e respectivos cálculos ou algoritmos.

As informações oportunas juntamente das personalizadas podem ser chamadas de *informações inteligentes* ou *informações que efetivamente contribuem com a inteligência das organizações*. Também são chamadas de *informações não triviais ou executivas*.

4.2 Sistemas de informação e *software* de *Business Intelligence*

Todo sistema, usando ou não recursos de tecnologia da informação, que manipula dados e gera informação pode ser genericamente considerado *sistema de informação*.

Os sistemas de informação podem assumir diversas formas convencionais, tais como: relatórios de controles (de sistemas ou de determinadas unidades departamentais) fornecidos e circulados dentro da organização; relato de processos diversos para facilitar a gestão da organização; coleção de informações expressa em um meio de veiculação; conjunto de procedimentos e normas da organização, estabelecendo uma estrutura formal; e, por fim, conjunto de partes (quaisquer) que geram informações.

Quando utilizam os recursos da tecnologia da informação, podem ser entendidos como um grupo de telas e de relatórios, habitualmente gerados pela tecnologia da informação da organização e seus recursos. Também podem ser entendidos como o conjunto de *software*, *hardware*, recursos humanos e respectivos procedimentos que antecedem e sucedem um *software*.

O sistema de informação organizacional pode ser conceituado como a organização e seus vários subsistemas internos, contemplando ainda o meio ambiente externo. E também como um subsistema do sistema empresa ou sistema organização.

4.2.1 Objetivo, foco e benefícios dos sistemas de informação

Os sistemas de informação independentemente de seu nível ou de sua classificação, objetivam auxiliar os processos de tomada de decisões na organização. Se os sistemas de informação não se propuserem a atender a esse objetivo, sua existência não será significativa para a organização.

O foco dos sistemas de informação está direcionado principalmente ao negócio empresarial nas organizações privadas e às atividades ou serviços públicos nas organizações públicas. O caso contrário seria se os esforços dos sistemas de informação estivessem direcionados aos negócios secundários ou de atividades de apoio. Para facilitar o entendimento desse ponto, o exemplo pode ser de uma indústria que deve ter seus sistemas de informação direcionados ao processo fabril, efetivamente auxiliando nos processos de produção e comercialização dos referidos produtos industrializados por ela. Esse foco está intimamente relacionado com os quesitos de qualidade, produtividade, efetividade e inteligência organizacional. No caso de uma prefeitura, por exemplo, os sistemas de informação devem estar direcionados à prestação de serviços ao cidadão e ao município.

As organizações podem beneficiar-se com os sistemas de informação tendo em vista que podem: controlar suas operações; diminuir a carga de trabalho das pessoas; reduzir custos e desperdícios; aperfeiçoar a eficiência, eficácia, efetividade, qualidade e produtividade da organização; aumentar a segurança das ações; diminuir os erros; contribuir para a produção de bens e serviços; prestar melhores serviços; agregar valores ao produto; suportar decisões profícuas; oportunizar negócios ou atividades; e contribuir para sua inteligência organizacional.

4.2.2 Sistemas de informação como diferenciais

Os sistemas de informação podem constituir-se em ferramentas de solução de problemas na organização. Inúmeros fatores são importantes para a solução de problemas, e a conscientização desses fatores aumentará a capacidade do gestor de analisar apropriadamente o problema e tomar efetivas decisões.

As informações sistematizadas podem representar diferenciais nas organizações e nas pessoas que pretendem destacar-se no mercado e na sociedade. A informação deve ser considerada como diferencial quando proporciona alternativas de retornos profícuos para a organização, sedimentando as atuais atividades ou criando novas oportunidades. As pessoas e as organizações que detêm informações sistematizadas e preferencialmente personalizadas e oportunas contam com diferenciais em suas atuações.

Nesses sistemas, são requeridos conceitos e aplicações de inteligência organizacional.

4.2.3 Ciclo de vida dos sistemas de informação

Um sistema de informação que utiliza recursos da tecnologia da informação pode ter um ciclo de vida curto, de no máximo cinco anos, quando não sofre implementações. O ciclo de vida natural abrange as fases: concepção ou criação; construção ou programação; implantação (disponibilização); implementações (pequenos ajustes ou melhorias); maturidade (utilização plena do sistema); declínio; manutenção; morte ou descontinuidade.

Quando as três primeiras fases são elaboradas de maneira errada, a morte do sistema de informação é acelerada, principalmente se o sistema focar a gestão estratégica da organização.

4.2.4 Aspectos humanos e políticos da informação

A organização, além de toda sua estrutura formal e material, também é uma instituição social e humana, na qual as soluções e decisões não são somente técnicas e racionais. Inevitavelmente, a organização terá conteúdos psicológicos, sociais e políticos, e nela configuraram-se relações humanas, de caráter constante, determinadas também pela estruturação de procedimentos e tarefas informais.

Toda organização é uma instituição política, sendo assim, o sistema informal tem sua origem na necessidade da pessoa humana de conviver com os demais seres humanos. A estrutura emocional, as necessidades, os desejos e a tensão, peculiares a cada pessoa diante de determinada situação de trabalho, também podem refletir em comportamentos muitos variados.

As informações sistematizadas podem contribuir para as pessoas nas atividades humanas e políticas presentes nas organizações.

Para atingir qualidade, produtividade e efetividade nas atividades relacionadas aos sistemas e a tecnologia da informação, requer-se um perfil profissional que contempla o domínio das habilidades técnica, de negócios e humana ou comportamental. As habilidades de negócios e humanas são as mais difíceis de adquirir. Já a habilidade técnica em tecnologia da informação é mais fácil, tendo em vista que essa formação normalmente é tratada em cursos técnicos, de graduação e de pós-graduação.

4.2.5 Estruturas organizacionais e sistemas de informação

As organizações estão reduzindo o número de níveis hierárquicos para facilitar os processos de comunicação, os fluxos de informações e os atos decisórios.

Incorporando a exigência de um maior dinamismo nas organizações, as estruturas organizacionais podem ser dinamizadas e sistematizadas em três níveis: corpo técnico ou operacional; corpo gestor (ou nível intermediário de gestão); e alta administração.

Nas organizações privadas, o corpo técnico ou executor pode ser composto de engenheiros, assistentes, auxiliares etc. O corpo gestor pode ser composto de gerentes, chefes, encarregados, mestres, coordenadores, supervisores etc. E a alta administração pode ser composta de presidência, diretores, sócios, proprietários, acionistas etc.

Nas organizações públicas, o corpo técnico pode ser composto de servidores nos cargos de engenheiros, assistentes, auxiliares etc. O corpo gestor pode ser composto de gerentes, chefes, encarregados, mestres, coordenadores, supervisores etc. E a alta administração pode ser composta de secretários, assessores, presidentes de órgãos, diretores, prefeitos e demais cargos públicos nas esferas federal, estadual e municipal.

Para desenvolvimento dos sistemas de informação, o organograma é secundário, pois independentemente da estrutura organizacional, todas as funções organizacionais devem estar presentes e estruturadas, formando a base do desenvolvimento dos sistemas nas organizações.

A Unidade de Tecnologia da Informação é a área, ou departamento, ou setor, ou seção responsável pelos serviços de informática e pelos recursos de tecnologia da informação de uma unidade ou de uma organização.

4.2.6 Procedimentos e sistemas de informação

Os procedimentos são atividades necessárias para execução de qualquer sistema. Eles antecedem ou sucedem a atividade principal, interligando lógica e fisicamente as tarefas envolvidas no ciclo de funcionamento.

Os procedimentos estão intimamente ligados com os sistemas de informação. Devem ser considerados da seguinte forma: procedimentos que antecedem; e procedimentos que sucedem.

Também podem ser utilizados como: procedimentos operacionais manuais; procedimentos sistêmicos manuais; e procedimentos sistêmicos informatizados.

Para sua documentação, é recomendado o uso de simbologias de fluxograma, de diagrama e da descrição narrativa de processos ou procedimentos. Também podem ser utilizadas as linguagens naturais estruturadas, tais como: português estruturado; português logicamente compacto.

As organizações que utilizam as normas da ABNT, da ISO ou outras normalmente têm documentações estruturadas e padronizadas de todos os procedimentos das funções organizacionais e das demais atividades da organização.

4.3 Classificações de sistemas de informação e *software* de *Business Intelligence*

Os sistemas de informação podem ser classificados de diversas formas. Essas classificações visam contribuir para as atividades de planejamento, desenvolvimento ou aquisição de soluções para as organizações.

Também permitem que os gestores possam ter uma visão geral dos sistemas existentes ou necessários para as organizações, bem como para fundamentar os recursos de tecnologia da informação e recursos humanos requeridos nessas atividades.

4.3.1 Sistemas de informação segundo o suporte a decisões

Segundo o critério de suporte a decisões, a classificação dos sistemas de informação pode ser: operacional, gerencial e estratégico (Rezende, 2013).

Os sistemas de informação operacionais (SIO) também são chamados de *sistemas de apoio às operações organizacionais*, *sistemas de controle* ou *sistemas de processamento de transações*. Contemplam o processamento de operações e transações rotineiras cotidianas em seu detalhe, incluindo os respectivos procedimentos. Controlam os dados detalhados das operações das funções organizacionais imprescindíveis ao funcionamento harmônico da organização (privada ou pública), auxiliando na tomada de decisão do corpo técnico ou operacional das unidades departamentais.

Como exemplos, enquadram-se nessa classificação os pormenores e as minúcias dos SIO de: planejamento e controle de produção (com as informações: nome do produto, data da produção); faturamento (com as informações: nome do item de venda; preço do item; data de faturamento); contas a pagar e a receber (com as informações: valor do título; data de vencimento); estoque (com as informações: código do material; tipo de material); folha de pagamento (com as informações: valor do salário; valor do provento; nome do funcionário); contabilidade fiscal (com as informações: valor do lançamento; natureza do lançamento).

Reitera-se que, nos SIO, as informações são apresentadas no menor nível, ou seja, são analíticas, detalhadas e apresentadas no tempo gramatical singular. Esses sistemas são os mais estudados e trabalhados em geral. Eles são a parte central da maioria dos sistemas de informação nas organizações, contemplando todos os componentes básicos de funcionamento operacional das mesmas.

Os sistemas de informação gerenciais (SIG) são também chamados de *sistemas de apoio à gestão organizacional* ou *sistemas gerenciais*. Ainda, são conhecidos por sua sigla em inglês MIS (*management information systems*). Contemplam o processamento de grupos de dados das operações e transações operacionais, transformando-os em informações agrupadas para gestão. Trabalham com os dados agrupados (ou sintetizados) das operações das funções organizacionais auxiliando na tomada de decisão do corpo gestor (nível médio ou gerencial) das unidades departamentais, em sinergia com as demais unidades. Resumindo, é todo e qualquer sistema que manipula informações agrupadas para contribuir para o corpo gestor da organização privada ou pública.

Como exemplos, enquadram-se nessa classificação os grupos de informação dos SIG de: planejamento e controle de produção (com as informações: total da quantidade de peças produzidas; número de peças defeituosas); faturamento (com as informações: valor do faturamento do dia; valor acumulado do mês); contas a pagar e a receber (com as informações: número de títulos a pagar do dia; número de inadimplentes); estoque (com as informações: percentuais de estoque distribuídos por grupo de materiais; quantidade de peças disponíveis); folha de pagamento (com as informações: valor acumulado de salários; valor dos encargos sociais); contabilidade fiscal (com as informações: valor acumulado de impostos a recolher por mês; valor total dos tributos).

Reitera-se que, nos SIG, as informações são apresentadas em grupos ou sintetizadas, tais como totais, percentuais, acumuladores, e normalmente apresentadas no tempo gramatical plural.

Os sistemas de informação estratégicos (SIE) também chamados de *sistemas de informação executivos* ou *sistemas de suporte à decisão estratégica*. Ainda, são conhecidos por sua sigla em inglês EIS (*executive information systems*). Contemplam o processamento de grupos de dados das atividades operacionais e transações gerenciais, transformando-os em informações estratégicas. Trabalham com os dados no nível macro, filtrados das operações das funções organizacionais, considerando, ainda, os meios ambientes internos ou externos, visando auxiliar o processo de tomada de decisão da alta administração da organização privada ou pública.

Habitualmente, os SIE reúnem informações nas formas gráficas, amigáveis e normalmente *on-line*, observando as particularidades de cada organização e, ainda, com opção de descer no nível de detalhe da informação.

Como exemplos, enquadram-se nessa classificação, com base nas informações operacionais e gerenciais, as relações, as influências e as decisões entre as seguintes informações: quantidade produzida *versus* quantidade de pedidos em negociação; valor do faturamento *versus* valor das contas a pagar; datas do planejamento de compras *versus* quantidade disponível no estoque; valor bruto da folha de pagamento, dos encargos sociais e dos impostos *versus* valor líquido do fluxo de caixa; valor da receita da organização *versus* valor da receita do concorrente; quantidade de linhas de produção *versus* percentual de satisfação do cliente; valor dos custos em relação ao retorno *versus* valor do orçamento e da análise financeira; datas de prioridades de pagamento de juros *versus* datas dos descontos a clientes; valor da receita bruta da organização *versus* valor da receita bruta da concorrência.

Reitera-se que, nos SIE, as informações são apresentadas de modo macro, sempre relacionadas com o meio ambiente interno (funções organizacionais) ou externo da organização privada ou pública.

Como um quarto tipo de sistema, surgem os sistemas de conhecimentos que manipulam os conhecimentos das pessoas da organização. Esse tipo de sistema é considerado uma nova perspectiva em sistemas de informação.

4.3.2 Sistemas de informação segundo a abrangência da organização

Nessa classificação, os sistemas de informação estão nos níveis: pessoal; de um grupo ou departamental; organizacional; e interorganizacionais (Kroenke, 1992).

Os sistemas de informação pessoais dizem respeito aos sistemas utilizados por determinada pessoa da organização. Podem ser conhecidos ou não pelas pessoas. Exemplos: sistema de vendas pessoais de determinado vendedor; sistema de clientes de determinado gerente; sistema de controle de produção individual.

Os sistemas de informação de um grupo ou departamental dizem respeito aos sistemas utilizados por um grupo de pessoas ou por um único departamento da organização. Exemplos: sistema de vendas de um grupo de vendedores; sistema de clientes do departamento comercial; sistema de planejamento e controle de produção; sistema de folha de pagamento.

Os sistemas de informação organizacional dizem respeito aos sistemas utilizados por toda a organização. Exemplos: sistema de produtos ou serviços da organização; sistema de clientes da organização; sistema de pedido de férias dos funcionários; sistemas de pedido de compras; sistema gerencial de resultados.

Os sistemas de informação interorganizacional dizem respeito aos sistemas utilizados por toda a organização e por um grupo de outras organizações ou de parceiros, tais como fornecedores ou clientes. Nesses sistemas também se enquadram os sistemas globais de informação, envolvendo várias empresas ou organizações. Exemplos: sistema de logística de um grupo organizacional; sistema de exportação de uma associação; sistema de investimentos interorganizacionais; sistema de consórcio de obras; sistema conjunto de prefeituras de um estado.

4.3.3 Sistemas de informação segundo a forma evolutiva

Do ponto de vista do ciclo evolutivo, os sistemas de informação podem ser classificados em: manuais; mecanizados; informatizados; automatizados; e gerenciais e estratégicos.

Os sistemas de informação manuais dizem respeito aos sistemas que não utilizam os recursos da tecnologia da informação. Exemplos: sistema de estoque em fichas; sistema de contabilidade em livros de papel; sistema de folha de pagamento sem os recursos de informática.

Os sistemas de informação mecanizados dizem respeito aos sistemas que utilizam os recursos da tecnologia da informação de maneira mecânica, ou seja, sem valor agregado. Esses sistemas são chamados de *burros* e não são integrados, exigindo cálculo manual ou digitação em excesso. Exemplos: sistema de estoque que não baixa a quantidade vendida; sistema de venda que exige a digitação por extenso do nome do produto e não calcula valores de vendas e respectivas quantidades.

Os sistemas de informação informatizados dizem respeito aos sistemas que utilizam os recursos da tecnologia da informação de modo inteligente e com valor agregado. Esses sistemas são chamados de *inteligentes* porque são integrados e minimizam a digitação e o trabalho manual de seus usuários. Exemplos: sistema de venda que baixa a quantidade vendida no sistema de estoque, gera lançamentos integrados nos sistemas de contas a receber e de contabilidade; sistema de estoque que gera sugestão de compras; sistema de produção que avisa a falta de matéria-prima em determinada data.

Os sistemas de informação automatizados dizem respeito aos sistemas que utilizam recursos de automação comercial, bancária e industrial. Exemplos: sistemas de vendas em lojas e supermercados com leitoras de barras; terminais de caixas bancários; sistemas mecânicos, pneumáticos, eletrônicos, robóticos nas fábricas.

Os sistemas de informação gerenciais e estratégicos dizem respeito aos sistemas direcionados ao corpo gestor e à alta administração respectivamente. Eles estão descritos na classificação dos sistemas de informação segundo suporte a decisões.

4.3.4 Sistemas de informação segundo a entrada na organização

A partir do planejamento estratégico das necessidades de informação na organização, os sistemas de informação podem ser classificados em: desenvolvimento; aquisição; e manutenção ou adaptação.

O desenvolvimento dos sistemas de informação diz respeito às atividades que envolvem o projeto, a elaboração e a implantação de novos sistemas para a organização. Esses sistemas requerem uma metodologia de desenvolvimento de projetos de sistemas de informação. O desenvolvimento pode ser elaborado por meio de equipe interna ou por uma organização prestadora desse serviço terceirizado.

A aquisição dos sistemas de informação diz respeito às atividades de administração de compras, tais como: pesquisa de mercado; exame de fornecedores; análise das informações necessárias modeladas; e contratação de uma organização que presta esse serviço (*software house*).

A manutenção ou adaptação dos sistemas de informação diz respeito às atividades de melhorias ou ajustes nos sistemas existentes na organização. Esses sistemas não devem exigir grandes esforços das pessoas que farão as atividades nem grandes alterações na infraestrutura de tecnologia da informação necessária.

Em todas essas classificações, as informações requeridas pelos clientes dos sistemas (ou usuários) devem ser modeladas a partir das necessidades da organização.

4.4 Modelos de sistemas de informação para projeto de *software* de *Business Intelligence*

Os modelos de sistemas de informação e respectivas características peculiares não são tipos de *software*, mas sim uma representação diagramada das informações sistematizadas nas organizações privadas e públicas. Eles projetam de maneira integrada o desenvolvimento de soluções que integram na prática os planejamentos estratégicos da organização e da tecnologia da informação.

Os modelos de sistemas de informação apresentam o comportamento da informação nas organizações durante sua história. Inicialmente, o modelo se apresenta como convencional ou trivial. Esse primeiro modelo se dinamiza com características exigidas pelos decisores e gestores das organizações. O segundo modelo é mais bem exercido, ou seja, em bom êxito nas organizações com a utilização dos recursos da tecnologia da informação, surgindo então o terceiro e mais moderno modelo de sistemas de informação com as tecnologias aplicadas (Rezende, 2013).

Esses três modelos de sistemas de informação apontam para um quarto modelo de sistema que inclui os sistemas de conhecimentos que manipulam os conhecimentos das pessoas da organização. Esse modelo de sistema é considerado uma nova perspectiva em sistemas de informação e conhecimento.

4.4.1 Modelo convencional de sistemas de informação

O modelo convencional de sistemas de informação teve sua origem na década de 1960 e posteriormente foi substituído pelo modelo dinâmico. As principais características desse modelo são suas relações de interdependências entre os níveis dos sistemas, os níveis ou tipos de informações e os níveis hierárquicos da organização. Esses três níveis estabelecem relações de sinergia ou a coerência vertical e horizontal.

Em sua base de dados estão armazenados todos os dados detalhados das funções organizacionais (produção ou serviços, comercial ou *marketing*, materiais ou logística, financeira, recursos humanos e jurídico-legal), contemplando também os dados do meio ambiente externo. Essa base de dados permite disponibilizar as informações detalhadas, agrupadas e macrorrelacionadas com o meio ambiente interno ou externo (MAIE) à organização para manipulação e uso do corpo técnico, corpo gestor e alta administração da organização, respectivamente. Isso corresponde à relação vertical do modelo.

Esse modelo mostra os três níveis dos sistemas de informação, ou seja, estratégico (SIE), gerencial (SIG) e operacional (SIO). Mostra também os níveis da informação e os níveis hierárquicos. Dessa forma, convencionalmente, as informações macrorrelacionadas com o meio ambiente interno ou externo da organização são direcionadas para a alta administração por meio dos SIE. As informações agrupadas (ou em grupos) são direcionadas ao corpo gestor da organização por meio dos SIG. Consequentemente, as informações detalhadas são direcionadas ao corpo técnico da organização por meio dos SIO. Isso corresponde às três relações horizontais do modelo.

O objetivo e o foco dos sistemas também estão presentes nesse modelo. Os sistemas de informação objetivam auxiliar os processos de tomada de decisões na organização, sejam operacionais, gerenciais ou estratégicas. Os sistemas de informação focam o negócio empresarial nas organizações privadas e as atividades ou serviços públicos nas organizações públicas.

A forma triangular ou piramidal retrata o grande volume de informações e também o grande número de usuários dos sistemas de informação em sua base. Esse volume diminui em virtude da seleção e relacionamento em suas camadas superiores.

O referido modelo pode ser graficamente representado como consta na Figura 4.1, na qual os níveis da informação têm ênfase no tipo das informações, e não em seu uso propriamente dito.

Figura 4.1 – Modelo convencional de sistemas de informação

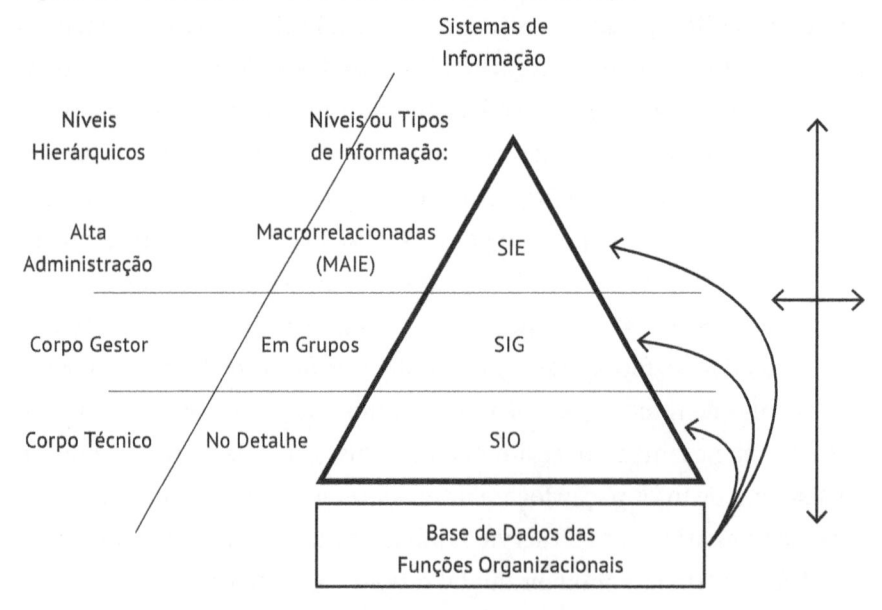

```
                        Sistemas de
                        Informação

    Níveis           Níveis ou Tipos
  Hierárquicos      de Informação:

     Alta          Macrorrelacionadas
  Administração         (MAIE)            SIE

  Corpo Gestor         Em Grupos          SIG

  Corpo Técnico        No Detalhe         SIO

                              Base de Dados das
                              Funções Organizacionais
```

Tendo em vista sua forma simples de entendimento e por ter sido o precursor, esse modelo é chamado de *convencional* ou *trivial*. Não obstante isso, muitas organizações ainda não têm esse modelo em pleno funcionamento, mesmo utilizando-se dos modernos recursos da tecnologia da informação. A maior dificuldade das organizações está no funcionamento efetivo dos SIG e SIE, principalmente no que tange à organização das informações do meio ambiente interno ou externo. De certa forma, os SIO são mais fáceis de ser desenvolvidos ou adquiridos e implantados.

Esse modelo pode ser "fatiado" verticalmente para ser trabalhado aos poucos nas organizações, ou seja, elaborando SIO, SIG e SIE de uma ou mais funções organizacionais, em um sentido vertical.

4.4.2 Modelo dinâmico de sistemas de informação

O modelo dinâmico de sistemas de informação teve sua origem na década de 1980 e surgiu para substituir o convencional, principalmente para evitar o engessamento de sua relação vertical e de suas relações horizontais e dinamizar sua sinergia. Retratando a evolução do modelo convencional, o modelo dinâmico mostra uma visão mais prática e moderna dos sistemas de informação utilizados pelas organizações.

Basicamente, existem três diferenças ou destaques fundamentais nesse novo modelo: eliminação das divisões entre os níveis dos sistemas, os níveis ou tipos de informações e os níveis hierárquicos da organização; unificação da base dados das funções organizacionais; e geração de informações oportunas para os decisores operacionais, gerenciais e estratégicos.

A primeira diferença diz respeito ao dinamismo que é exigido dos decisores nas organizações, ou seja, os três níveis hierárquicos podem utilizar os três níveis ou tipos de informações e respectivos sistemas simultaneamente. A segunda diferença destaca a eliminação de dados e de informações redundantes (repetidos) na organização. E a terceira permite a geração de informações antecipadas e com qualidade inquestionável.

Esse modelo também mostra os três níveis dos sistemas de informação (estratégicos, gerenciais e operacionais). Ainda permanecem como antes o objetivo, o foco, os níveis da informação (macrorrelacionadas com o meio ambiente interno ou externo, em grupos e no detalhe) e os níveis hierárquicos que utilizam as respectivas informações (alta administração, corpo gestor e corpo técnico). Da mesma forma, o modelo tem na base de dados os detalhes das funções organizacionais (produção ou serviços, comercial ou *marketing*, materiais ou logística, financeira, recursos humanos e jurídico-legal).

Todos esses relacionamentos, sejam verticais ou horizontais, estão em franco processo de sinergia (coerência) entre todos esses níveis de modo vertical e horizontal. Nesse modelo, a relação vertical é expressa a partir da base de dados única que gera informações oportunas no detalhe, as quais são agrupadas e posteriormente macrorrelacionadas com o meio ambiente interno ou externo à organização. Também pode ser expressa de cima para baixo, ou seja, as informações oportunas macrorrelacionadas com o meio ambiente interno ou externo são desmembradas em informações oportunas agrupadas e posteriormente em informações oportunas no detalhe para ser armazenadas na base de dados única das funções organizacionais.

No que tange às relações horizontais, o modelo apresenta dinamicamente nove maneiras de relacionar as variáveis que o compõem. As informações oportunas no detalhe oriundas dos SIO da organização são originalmente destinadas ao corpo técnico, mas essas informações podem ser utilizadas tanto pelo corpo gestor quanto pela alta administração da organização. As informações oportunas agrupadas oriundas dos SIG da organização são originalmente destinadas ao corpo gestor, mas essas informações podem ser utilizadas tanto pela alta administração quanto pelo corpo técnico da organização. As informações oportunas macrorrelacionadas com o meio ambiente interno ou externo da organização oriundas de seus SIE são originalmente destinadas à alta administração, mas essas informações podem ser utilizadas tanto pelo corpo gestor quanto pelo corpo técnico da organização. Essas nove relações horizontais reproduzem o dinamismo do modelo.

O referido modelo pode ser graficamente representado como consta na Figura 4.2, na qual os níveis da informação têm ênfase no uso das informações.

Figura 4.2 – Modelo dinâmico de sistemas de informação

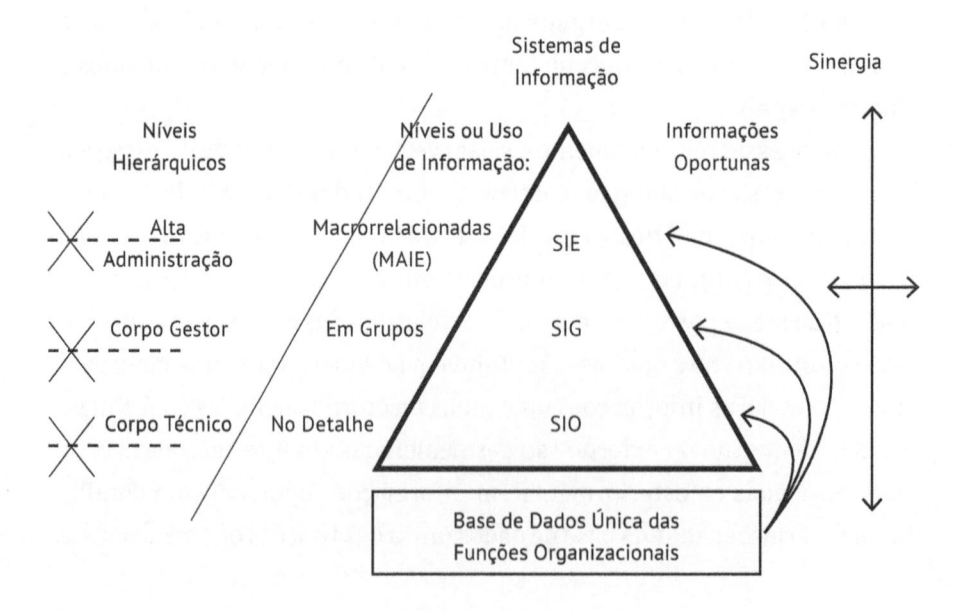

Para que os decisores fiquem mais seguros em suas atividades, a seleção dos dados para ser incluídos na base de dados única deve ser criteriosamente realizada. Para geração das informações oportunas, é de fundamental importância o levantamento, a triagem, a análise e a avaliação das necessidades de dados e de informações, pois, caso contrário, as informações geradas podem ser inoportunas e os sistemas de informação podem gerar desinformações para a organização.

Nesse modelo, as informações oportunas (que também podem ser chamadas de *conhecimentos da organização*) podem contribuir significativamente para as inteligências competitiva e organizacional.

4.4.3 Modelo de sistemas de informação com tecnologia da informação

O modelo de sistemas de informação com tecnologia da informação complementa o modelo dinâmico com a utilização dos recursos tecnológicos disponíveis no mercado. A ideia fundamental é a viabilização dos sistemas de informação por meio da tecnologia da informação, pois atualmente é praticamente impossível desenvolver e implantar sistemas de informação nas organizações sem o uso desses recursos tecnológicos.

Os componentes da tecnologia da informação são *hardware*, *software*, sistemas de telecomunicações e gestão de dados e informações.

As organizações têm como opção a utilização de diversas tecnologias modernas para facilitar o processo de tomada de decisão dos gestores, visando atender a sua complexidade, seu crescimento, sua modernidade, sua perenidade, sua rentabilidade, sua competitividade e sua inteligência. Em uma abordagem mais prática e moderna, a informação deixa de estar dividida em estratégica, tática e operacional e passa a ser "executiva", transformando todos os usuários ou clientes das informações em executivos (Rezende, 2013).

A tecnologia da informação permite a efetiva geração e a profícua manipulação das informações executivas ou inteligentes, ou seja, informações oportunas e informações personalizadas (não apenas as triviais).

A aplicação das tecnologias disponíveis no mercado nos sistemas de informação nas organizações tem como base os dois modelos anteriores.

Todas as características do modelo dinâmico de sistemas de informação são contempladas nesse modelo. O referido modelo pode ser graficamente representado como consta na Figura 4.3, na qual a tecnologia da informação é destacada.

Figura 4.3 – Modelo de sistemas de informação com tecnologia da informação

Muitas tecnologias aplicadas à geração de informações executivas ou inteligentes estão disponíveis no mercado. As mais relevantes são: *executive information systems* (EIS); *enterprise resource planning* (ERP); sistemas de apoio a decisões (SAD); banco de dados (BD); *data warehouse* (DW); inteligência artificial (IA); sistemas especialistas (*expert systems*); *data mining* (DM); sistemas de telecomunicações; recursos da internet; automação de escritórios; *database marketing* (DM); e demais tecnologias emergentes aplicadas à geração de informações.

As tecnologias normalmente são resultados de "filosofias" ou conceitos entendidos ou aceitos pelas organizações e respectivos gestores, oriundos ou não de modelos de administração e gestão moderna. Nesses casos, surgem primeiro os conceitos e depois as aplicações com os recursos da tecnologia da informação aplicada. Como exemplos, podem ser citados:

CRM – *Customer Relationship Management* (Gestão das relações com o consumidor); SCM – *Supply Chain Management* (gestão da cadeia de suprimentos); BSC – *Balanced Scorecard* (perspectivas do cliente, financeira, de processos internos e de aprendizado ou conhecimento organizacional); ECC – *Enterprise Core Competence* (competências essenciais da empresa); o próprio BI – *Business Intelligence* (inteligência de negócios); e diversas outras (Rezende; Abreu, 2013).

Esse é o modelo mais indicado para projeto de *software* de BI.

4.4.4 Modelo de sistemas de conhecimentos com tecnologia da informação

Juntamente dos sistemas de informação e dos recursos da tecnologia da informação, os sistemas de conhecimentos podem constituir-se em relevantes ferramentas para contribuir para o sucesso das organizações. Nos projetos de sistemas de informação, o conhecimento complementa a informação quando externa percepções humanas (tácitas), cenários de informações ou inferências computacionais.

A gestão do conhecimento permite compartilhar as melhores práticas mediante a troca de informações, o compartilhamento dos saberes e a distribuição do conhecimento nas organizações.

Os sistemas de conhecimentos manipulam ou geram conhecimentos organizados para contribuir com os seres humanos, com as organizações e com toda a sociedade.

Como o conhecimento é entendido como algo pessoal e pertencente aos indivíduos que compõem a organização, é necessário capturar, mapear, sistematizar e distribuir o mesmo para todos na organização. A Figura 4.4 mostra o modelo que permite a elaboração dessas atividades utilizando os recursos da tecnologia da informação.

Figura 4.4 – Modelo de sistemas de conhecimentos com tecnologia da informação

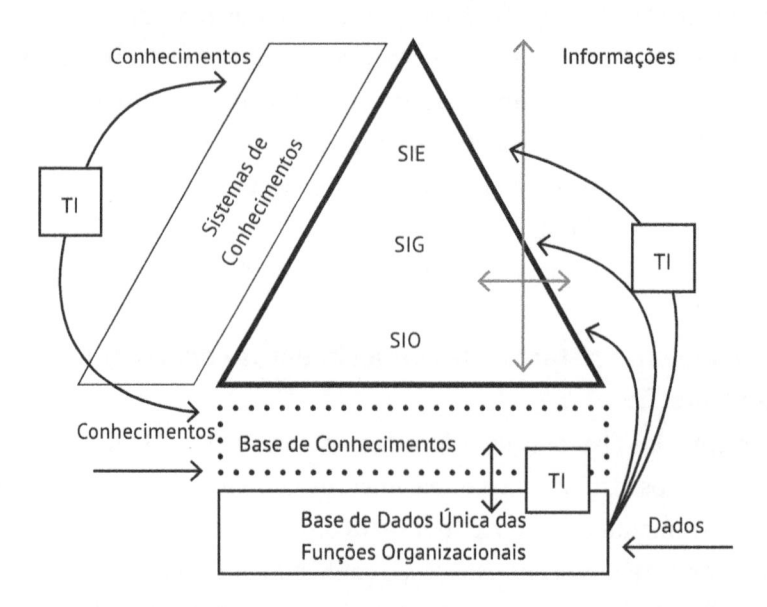

Esse modelo complementa o modelo de sistemas de informação com tecnologia da informação, ou seja, paralelamente aos sistemas de informação operacional (SIO), gerencial (SIG) e estratégico (SIE), **surgem os sistemas de conhecimentos para disponibilizar os conhecimentos na organização.**

As bases de conhecimentos constituem-se no local onde são depositados conhecimentos expressos em dados não triviais, textos, imagens, vídeos, sons, processos executados, procedimentos formalizados, decisões tomadas, ações com regras, atitudes e competências registradas, habilidades pessoais documentadas, raciocínios elaborados etc. A integração e as trocas de dados com a base de dados única são possibilitadas pelo uso dos recursos da tecnologia da informação, que também propiciam as trocas de informações e conhecimentos entre os quatro tipos de sistemas.

Os sistemas de conhecimentos podem ser compostos pelos recursos emergentes da tecnologia da informação ou por simples *softwares* específicos, nos quais são geradas informações e também disponibilizados os conhecimentos pessoais e organizacionais.

As pessoas e suas competências e habilidades fazem com que os sistemas de conhecimentos funcionem de fato, por meio de seu aporte de capital intelectual auxiliado pelos recursos da tecnologia da informação das organizações inteligentes.

Juntamente do modelo de sistemas de informação com tecnologia da informação, esse modelo de sistemas de conhecimentos com tecnologia da informação torna-se o modelo mais adequado para projeto de *software* de BI.

4.5 Modelo de informações organizacionais para projeto de *software* de *Business Intelligence*

O modelo de informações empresariais ou organizacionais é um relevante instrumento para contribuir para as organizações no planejamento, desenvolvimento ou aquisição de sistemas de informação e é essencial para elaboração do projeto de *software* de BI.

A não elaboração desse documento nas organizações tem causado inúmeros prejuízos financeiros e pessoais, principalmente quando do desenvolvimento ou da aquisição de soluções que requerem sistemas de informação ou tecnologia da informação.

4.5.1 Níveis de informação e de decisão organizacional

Os níveis ou tipos de informação e de decisão organizacional obedecem à hierarquia padrão existente na maioria das organizações. Também é chamada de *pirâmide organizacional*, em que os níveis são: estratégico, tático ou gerencial e operacional. O tipo de decisão que é tomada em cada nível requer diferente grau de agregação da informação. E os diversos níveis de decisão requerem diferentes informações em seus vários tipos de produtos externados, tais como telas, relatórios etc.

No nível estratégico, as decisões ocorrem no alto escalão (ou alta administração) da organização e geram atos cujo efeito é duradouro e mais difícil de inverter. Emanam do planejamento a longo prazo da organização, conhecido como *planejamento estratégico*, tais como: construção de uma nova fábrica, nova linha de produção, novos mercados, novos produtos, novos serviços privados ou públicos. Esse nível de influência considera a estrutura organizacional de toda a organização e a melhor interação desta com o ambiente. Nesse caso, o nível da informação é macro, contemplando a organização em sua totalidade, ou seja, relacionando-se com meio ambiente interno e externo.

No nível tático ou gerencial, as decisões táticas ocorrem nos escalões intermediários (ou corpo gestor) e geram atos de efeito a prazo mais curto, porém de menos impacto no funcionamento estratégico da organização. Essas decisões emanam do controle tático e do planejamento gerencial da organização. O nível tático de influência considera determinado conjunto de aspectos homogêneos da estrutura organizacional da organização. Nesse caso, o nível da informação é em grupos (agrupada ou sintetizada), contemplando a junção de determinadas informações de uma unidade departamental, de um negócio ou atividade da organização.

No nível operacional, as decisões operacionais estão ligadas ao controle e às atividades operacionais da organização. Essas decisões visam alcançar os padrões de funcionamento preestabelecidos, com controles do detalhe ou do planejamento operacional. Criam condições para a adequada realização de trabalhos diários da organização, em que o nível operacional de influência considera uma parte bem específica da estrutura organizacional da organização. Nesse caso, o nível da informação está detalhado (informação analítica, singular), contemplando pormenores específicos de um dado, de uma tarefa ou atividade da organização.

4.5.2 Documento do modelo de informações organizacionais

O modelo de informações empresariais ou organizacionais relata (descreve) todas as informações necessárias para a gestão de atividades ou de negócios da organização, focadas nas funções empresariais ou organizacionais. As informações devem atender a todos os requisitos funcionais requeridos de um ou mais sistemas de informação.

Esse modelo tem dois objetivos principais: auxiliar a organização nas atividades de aquisição de sistemas de informação no mercado fornecedor (avaliação de pacotes de *software* ou outras soluções externas); e contribuir para os processos de desenvolvimento ou manutenção de projetos de sistemas de informações, seja com recursos próprios ou de terceiros.

O modelo de informações também é parte integrante das atividades dos projetos de planejamento estratégico organizacional e do planejamento estratégico de informações ou da tecnologia da informação.

As informações necessárias podem ser estruturadas em níveis ou tipos de informações (NI), ou seja, estratégica, gerencial e operacional. Podem estar distribuídas nas respectivas funções organizacionais (FO): produção ou serviços, comercial ou *marketing*, materiais ou logística, financeira, recursos humanos e jurídico-legal. Consequentemente, podem ser desmembradas ou decompostas nos respectivos módulos ou subsistemas (ver Seção 1.3).

Para elaboração dessa atividade nas organizações, esse documento em forma de tabela pode ser utilizado.

Quadro 4.1 – Documento do modelo de informações organizacionais

| Função organizacional (FO): | | | | |
NI	Módulo 1	Módulo 2	Módulo 3	Módulo 4 ...
Estratégica				
Gerencial				
Operacional				

No documento do modelo de informações organizacionais são descritas apenas as informações. Em outro documento devem ser elaboradas as ações e descritos os procedimentos de como construir as respectivas informações necessárias. Nesse caso, a ênfase não está na ação, nos processos ou nos requisitos funcionais. Nesse documento serão relatadas as informações estratégicas (de maneira macrorrelacionadas com o meio ambiente interno ou externo), as informações gerenciais ou táticas (agrupadas ou sintetizadas) e as informações operacionais (no detalhe ou analíticas).

Como exemplos, os modelos de informações organizacionais podem ser assim documentados (ver outros exemplos na Seção 4.3):

Quadro 4.2 – Exemplo I de documento do modelo de informações organizacionais

Função organizacional: Serviços hoteleiros	
NI	Módulo ou subsistema: Recepção (*check-in* e *check-out*)
Estratégica	Valor total das despesas *versus* quantidade de acompanhantes. Número de dias do hóspede no hotel *versus* número médio de dias de hospedagem.
Gerencial	Quantidade de acompanhantes. Número de dias no hotel. Valor total das despesas.
Operacional	Nome do hóspede. Tipo de unidade habitacional (I, S, L). Valor do preço da unidade habitacional. Data de entrada. Data de saída. Nome da refeição predileta.

Quadro 4.3 – Exemplo II de documento do modelo de informações organizacionais

Função organizacional: Produção fabril	
NI	Módulo ou subsistema: Planejamento e controle de produção ou serviços
Estratégica	Quantidade total de produtos elaborados *versus* número de dias trabalhados. Quantidade de produtos elaborados *versus* quantidade de produtos rejeitados.
Gerencial	Quantidade total de produtos elaborados. Quantidade de equipamentos ativos. Número de dias trabalhados.
Operacional	Nome do produto elaborado. Tipo de produto (A, B, X, Y). Data da produção.

Quadro 4.4 – Exemplo III de documento do modelo de informações organizacionais

Função organizacional: Financeira	
NI	Módulo ou subsistema: Contas a receber
Estratégica	Valor total de contas a receber *versus* valor total de contas a pagar. Valor total de contas a receber *versus* valor líquido da folha de pagamento. Percentual do valor de contas a receber *versus* valor total do fluxo de caixa.
Gerencial	Valor total de contas a receber. Quantidade de títulos pagos. Número de inadimplentes.
Operacional	Nome do cliente. Valor nominal do título. Data de vencimento do título. Data de pagamento do título. Nome do banco recebedor.

Quadro 4.5 – Exemplo IV de documento do modelo de informações organizacionais

Função organizacional: Serviços acadêmicos	
NI	Módulo ou subsistema: Sistema de alunos
Estratégica	Quantidade total de alunos matriculados *versus* quantidade de alunos desistentes. Quantidade total de alunos por sexo *versus* quantidade de alunos inadimplentes.
Gerencial	Quantidade total de alunos matriculados. Quantidade de alunos matriculados por disciplina.
Operacional	Nome do aluno. Série do aluno. Nome do gênero sexual do aluno (masculino, feminino). Data de nascimento do aluno. Número do telefone do aluno.

Quadro 4.6 – Exemplo V de documento do modelo de informações organizacionais

Função organizacional: Serviços municipais	
NI	Módulo ou subsistema: Projetos da prefeitura
Estratégica	Quantidade de projetos elaborados *versus* valor total do projeto. Número de dias trabalhados no projeto *versus* número de dias parados.
Gerencial	Quantidade de projetos elaborados. Valor total do projeto. Número de dias trabalhados no projeto.
Operacional	Nome do projeto. Nome da cidade cliente do projeto. Tipo de projeto (A, B, X, Y). Data de início do projeto. Data de término do projeto. Forma de pagamento do projeto (antecipado, parcelado, na entrega).

É importante ressaltar o princípio da sinergia (coerência ou integração) entre as informações. As informações devem ser integradas em seus níveis (operacional, gerencial e estratégico), ou seja, para se obter as informações gerenciais e estratégicas, as informações operacionais no detalhe devem existir.

As informações operacionais são transformadas em dados, que deverão estar armazenados nas respectivas bases de dados quando do uso de *software* nos sistemas de informação.

O modelo de informações organizacionais pode conter informações integradas dos seguintes tipos: convencional (trivial), personalizada e oportuna. Esses dois últimos tipos de informação, também chamados de *informações executivas ou inteligentes*, facilitam o mapeamento dos conhecimentos organizacionais.

Na fase inicial dos projetos de planejamento, desenvolvimento ou aquisição de sistemas de informação, basta relatar as informações necessárias, o que significa responder à seguinte pergunta: Quais são as informações necessárias para gerir determinado negócio privado (ou módulos de uma função organizacional) ou para gerir uma atividade pública?

Nas fases seguintes do projeto, ou seja, em sua elaboração propriamente dita, será necessário ainda responder a mais essas duas perguntas:

Como são construídas (elaboradas) as informações?; e Como são apresentadas (mostradas) as informações? A primeira diz respeito às fórmulas ou aos cálculos (algoritmos no caso de *software*) e à descrição detalhada (passo a passo) de como chegar à informação para ser disponibilizada ao seu usuário. A última pergunta diz respeito a como serão apresentadas as informações nos documentos (relatórios) ou nas telas dos sistemas de informação com as respectivas máscaras ou leiaute.

4.5.3 **Informações para projeto de *software* de *Business Intelligence***

As informações para projeto de *software* de BI podem ser modeladas de maneira convencional, mas devem ser elaboradas de modo inteligente, ou seja, com informações personalizadas e oportunas, tornando o negócio inteligente (para organizações privadas) ou os serviços públicos inteligentes (para as organizações públicas e governos, incluindo conceitos e princípios da teoria *New Public Management*).

Utilizando-se da inteligência (OBI), primeiramente as informações devem ser modeladas, dialogadas, analisadas e aprovadas, e somente depois devem ser criadas as bases de dados para o *software* de BI. Aqui se inverte o conceito convencional da engenharia de *software* de dado, informação e conhecimento para a engenharia de *software* moderna: conhecimento, informação e dado (Rezende, 2005).

4.5.4 **Elaboração do projeto de *software* de *Business Intelligence***

Após a realização da Fase 0 (ver Seção 3.1), o projeto de *software* de BI pode iniciar com três fases: estudo preliminar, ou anteprojeto, ou estudo inicial, ou, ainda, primeira visão do projeto; análise do sistema atual, ou reconhecimento do ambiente; e projeto lógico, ou especificação do projeto (Rezende, 2013).

O estudo preliminar pode ser entendido como a visão global e genérica do projeto concebido. Contempla a primeira definição das informações necessárias e dos requisitos funcionais desejados, objetivos, abrangências, integrações, limitações, impactos e funções organizacionais envolvidas, bem como a nominação da equipe multidisciplinar. É elaborado para compreender a necessidade e a estrutura do projeto. Tem duas origens: solicitado por terceiros; e sugerido pelos executores.

Nessa fase, o modelo de informações organizacionais tem sua forma preliminar ou desejada.

A análise do sistema atual pode ser entendida como a visão global do atual projeto. Contempla o relato das informações existentes e dos requisitos funcionais atuais, observando suas vantagens e desvantagens por meio de levantamento de dados e estruturação de informações. É elaborado para conhecer o ambiente e o produto existente, independentemente da utilização ou não dos recursos da tecnologia da informação.

Nessa fase, o modelo de informações organizacionais tem sua forma atual, existente, com a realidade da organização ou organizações envolvidas.

O projeto lógico pode ser entendido como a confecção de macropropostas de soluções. Contempla a real necessidade das informações e a completa definição dos requisitos funcionais, o desenho e detalhamento da lógica ideal do projeto. É a definição de "o que" o projeto fará. É elaborado para obter a visão detalhada da solução, dos produtos e das integrações sistêmicas.

Nessa fase, o modelo de informações organizacionais tem sua forma final, ou seja, quais informações exatamente a organização ou organizações envolvidas necessitam, incluindo informações convencionais e inteligentes.

As fases para a implementação do projeto são duas: projeto físico, ou execução, ou implementação do projeto, ou programação; e projeto de implantação, ou projeto de disponibilização e uso.

O projeto físico pode ser entendido como a execução ou realização do projeto. Contempla a confecção de programas (em *software* ou **manuais**) e seus respectivos testes, bem como o leiaute final das entradas e saídas (telas e relatórios). É a definição de "como" o projeto fará suas funções. É elaborado para obter a visão sistêmica do ponto de vista físico e da segurança de seus resultados. Os requisitos funcionais do projeto devem ser claramente definidos e explicitamente detalhados.

Nessa fase, o modelo de informações organizacionais é programado (com *softwares* disponíveis) transformando as informações em produtos finais para utilização dos aos clientes (ou usuários) do projeto.

E finalmente o projeto de implantação pode ser entendido como a disponibilização do projeto. Contempla a execução do planejamento de implantação, treinamento e capacitação dos clientes (ou usuários), da efetiva implantação final e o acompanhamento pós-implantação. É elaborado para a total entrega do projeto aos clientes (ou usuários), com características reais de qualidade, produtividade, efetividade, continuidade e principalmente, de inteligência.

Nessa fase, o modelo de informações organizacionais é utilizado pelos clientes (ou usuários) do projeto da organização ou organizações envolvidas, inclusive atualizando a informações inteligentes necessárias para novas versões.

4.5.5 Escolha dos *softwares* para o projeto de *Business Intelligence*

A escolha dos *softwares* de base, linguagem de programação ou aplicativo comercial para o projeto de BI deve ser amplamente dialogada, analisada e aprovada por um comitê de inteligência organizacional ou equipe multidisciplinar com diferentes membros de toda a organização (ver Subseção 3.1.6).

Inúmeras são as alternativas tecnológicas disponíveis no mercado, oriundas de grandes corporações de tecnologia da informação, de fornecedores de sistemas ERP (*Enterprise Resource Planning*) ou até mesmo de pequenas empresas (*software houses*), porém a realidade da organização dever ser respeitada.

Para tanto, sugere-se a elaboração de um subprojeto de análise de custos, benefícios (mensuráveis e não mensuráveis), riscos e viabilidades.

Capítulo 5

Gestão da inteligência organizacional

A GESTÃO pode ser entendida como a viabilização, realização e efetivação do projeto de inteligência organizacional e do projeto de *software* de *Business Intelligence* (BI) por meio de suas elaborações, implantações e execuções. O maior desafio após a elaboração dos projetos é sua gestão como um processo que envolve todas as pessoas na organização.

A primeira elaboração da inteligência organizacional pode ser entendida como um projeto dinâmico, sistêmico, coletivo e participativo. A execução ou efetivação da inteligência organizacional, após sua implantação ou disponibilização, pode ser entendida como um processo organizacional contínuo ou como a segunda versão desse projeto.

Os esforços estão direcionados para mudar de intenções para realizações, de desejos para concretizações, por meio de ações efetivas. Como em qualquer organização existem interesses, nem sempre comuns, esses esforços provavelmente vão demandar negociações de diferentes interesses e de divergentes visões pessoais. Cada grupo de interesses e influências pode querer priorizar determinado subprojeto de inteligência organizacional. O importante é articular e equalizar os interesses em prol do sucesso ou êxito da inteligência da organização privada ou pública, evitando competições inoportunas e desgastes desnecessários.

Quando a inteligência organizacional não é implantada, executada e gerida, provavelmente foi um projeto inadequado, inútil, enganoso, como se fosse um "pacto de mediocridade" na organização privada ou pública. Por outro lado, é importante lembrar que nem sempre os resultados desejados serão alcançados imediatamente ou em curto prazo. Determinados subprojetos de inteligência organizacional poderão demorar certo tempo para sua realização por meio de estratégias e ações efetivas. Muitas vezes será necessário também realizar significativas reestruturações organizacionais ou capacitações em recursos humanos e buscar novos recursos para a organização privada ou pública, sejam financeiros, tecnológicos ou outros.

Os fatores críticos de sucesso para a implantação e execução, como gestão da inteligência organizacional, podem ser resumidos nestas necessidades:

- conceitos, preceitos e métodos de inteligência organizacional entendidos e aplicados;
- alinhamento entre subprojetos de inteligência organizacional, objetivos, estratégias, ações e decisões organizacionais;
- vontade, liderança, envolvimento e aprovação da alta administração da organização;
- clima organizacional adequado e ambiente favorável para mudanças;
- capacitação, participação e motivação de todas as pessoas da organização;
- investimento financeiro, tecnológico e cultural;
- informações sistematizadas e recursos adequados da tecnologia da informação; e
- gestão de projeto competente para elaboração e implantação como gestão da inteligência organizacional.

É necessário criar cultura de inteligência na organização, como se fosse uma atividade cotidiana relacionada com a gestão de seus produtos ou serviços e preferencialmente com contribuições significativas ao negócio da organização privada ou atividade da organização pública. A gestão da inteligência organizacional passa a ser uma estratégia da organização privada ou pública.

Para o sucesso ou êxito da inteligência organizacional, não se deve permitir que passe muito tempo entre a finalização do projeto e o início de sua gestão. Para tanto, alguns passos, subfases ou atividades podem ser sugeridos, enfatizando sua implantação e execução.

5.1 Implantação do projeto de inteligência organizacional

A implantação do projeto de inteligência organizacional, parte da gestão da inteligência da organização, está relacionada com as atividades de disponibilização desse projeto após sua elaboração.

A implantação pode ser do Projeto de *Organizational Business Intelligence* (OBI) como um todo ou de um ou mais subprojetos, como, por exemplo, o projeto de *software* de BI.

5.1.1 Aprovação e disponibilização do relatório final

A aprovação e a disponibilização do projeto de inteligência organizacional devem ser formalmente elaboradas, tendo como produto principal o relatório final do projeto.

A partir da conclusão da primeira versão do projeto de inteligência organizacional e da viabilização assegurada dos planos de ações dos subprojetos, a aprovação formal deve ser elaborada. A aprovação formaliza e valida as decisões da equipe multidisciplinar, que agora se constituirá em um comitê gestor para execução do projeto de inteligência organizacional.

O relatório final faz parte da documentação do projeto de inteligência organizacional elaborado, que formaliza e registra o histórico documental do projeto. Reitera-se que esse relatório deve conter todos os detalhes das fases, das subfases e dos produtos elaborados no decorrer do projeto ou subprojetos. Pode também conter eventuais anexos, apêndices e pareceres. Por opção, um dicionário de termos pode ser um apêndice desse relatório.

Um evento ou uma reunião especial para a aprovação do projeto de inteligência organizacional deverá ser realizado com a participação de todas as pessoas da organização privada ou pública e de eventuais conselhos, fornecedores, parceiros e demais interessados. Nessa formalização, subentende-se que estão assegurados todos os recursos para a realização dos respectivos objetivos, estratégias e ações dos subprojetos.

A sensibilização e a motivação para a execução do projeto de inteligência organizacional também fazem parte desse evento de aprovação e disponibilização do relatório final para todas as pessoas da organização privada ou pública. A ampla divulgação do projeto de inteligência organizacional pode ser considerada como parte da aprovação, sensibilização e motivação para sua execução.

5.1.2 Divulgação do projeto de inteligência organizacional

A divulgação do projeto de inteligência organizacional exige formalização de atividades pertinentes para que seja ampla e efetiva em toda a organização privada ou pública. Contempla a transparência e o compartilhamento dos detalhes do projeto ou dos subprojetos.

O projeto de inteligência organizacional não pode ser um documento restrito aos gestores da organização, deve ser um documento de acesso a todos. Assim todas as pessoas da organização podem ajudar no êxito do projeto de inteligência organizacional. Evidentemente, por opção da organização, determinadas informações podem ser restritas.

Inúmeras são as formas de ampla divulgação do projeto de inteligência organizacional, por exemplo: recursos tecnológicos da tecnologia da informação e da internet; reuniões; visitas; quadros de avisos; murais; editoriais; mala direta; jornais internos; envelopes de pagamento; encartes; **pôsteres** ou *banners*; *bottons*; megafones; conversas informais; e outras técnicas e instrumentos formais ou informais do *marketing* institucional, do *marketing* positivo e do endomarketing.

Reitera-se que a ênfase da divulgação está na angariação de simpatizantes pela implantação e execução do projeto, na motivação das pessoas e no efetivo envolvimento e comprometimento de todos na organização (ver Subseção 3.1.7).

A divulgação também se caracteriza como um instrumento de multiplicação do conceito e da relevância de inteligência organizacional, pois a falta de cultura e o desconhecimento de projetos, aliados à falta de participação, envolvimento, comprometimento e motivação, podem ser causas de insucesso do projeto de inteligência organizacional.

5.1.3 Formalização do comitê gestor

A formalização do comitê gestor do projeto de inteligência organizacional exige revisão e análise da equipe multidisciplinar que elaborou o projeto. Essa análise pressupõe a avaliação dos componentes por meio de indicadores profissionais e pessoais.

É fundamental que pessoas do comitê gestor na organização privada ou pública assumam papéis para a execução do projeto de inteligência organizacional. Reitera-se que os principais papéis são: patrocinador (ou patrocinadores) do projeto de inteligência organizacional; gestor do projeto de inteligência organizacional; equipe das funções organizacionais privadas ou públicas; e equipe de tecnologia da informação. O papel do gestor pode ser dividido em dois gestores: estratégico; e operacional. Ou, ainda, gestor e cogestor do projeto de inteligência organizacional. Os eventuais consultores ou assessores internos ou externos se constituem em opções, tal como os *stakeholders* ou atores sociais externos (ver Subseção 3.1.6).

O patrocinador tem um papel altamente relevante na execução do projeto de inteligência organizacional. É o líder do processo de execução e principalmente de sua continuidade. A atuação inadequada desse papel poderá acarretar no fracasso da implantação, execução e geração de novas versões do projeto de inteligência organizacional.

O gestor do projeto de inteligência organizacional tem se constituído em um dos maiores desafios da execução do projeto de inteligência organizacional, pois requer efetiva competência na gestão das fases e das múltiplas abordagens de projetos, tais como pessoas, tempo, custos, qualidade, comunicações, riscos etc. (ver Seção 1.7). Do gestor do projeto de inteligência organizacional também será exigido o domínio de modelos, métodos e instrumentos ou técnicas de gestão de projetos (ver Subseção 3.1.9).

Pelo menos o gestor do projeto de inteligência organizacional deve ter tempo integral para dedicação e gestão das atividades de execução, monitoramento e controles do projeto de inteligência organizacional. Excepcionalmente, caso não seja possível esse tempo integral, requer-se, no mínimo, meio período do dia para dedicação à gestão das atividades do comitê gestor do projeto de inteligência organizacional. Nesse caso, deve-se formalizar esse tempo no plano de trabalho organizacional.

A equipe das funções organizacionais privadas ou públicas e a equipe de tecnologia da informação serão as executoras das ações e demais atividades do projeto de inteligência organizacional. Também terão o papel de agentes de mudança e de multiplicação dos conceitos, dos preceitos e da **cultura de inteligência na organização**. Devem estar capacitados e efetivamente envolvidos e motivados com sua execução.

Todas as unidades da organização devem estar representadas na equipe das funções organizacionais privadas ou públicas, principalmente as unidades responsáveis pelos produtos ou serviços da organização, pois são essas unidades que podem agregar mais valores aos objetivos, estratégias e ações dos subprojetos.

A organização não necessariamente precisa ter uma unidade departamental de inteligência organizacional (por exemplo, setor, divisão, ou **departamento em um organograma organizacional**). Contudo, o comitê gestor de inteligência da organização deve existir formalmente com uma estrutura matricial e com espaço físico para reuniões e ações de inteligência. Eventualmente, a organização também pode desejar formalizar um Núcleo Estratégico de Inteligência Organizacional com respectivas instalações físicas, ou, ainda, um Escritório de Projetos e Processos.

Quando a alta administração e o corpo gestor da organização assumem, vivenciam e mantêm o projeto de inteligência organizacional juntamente a todas as pessoas que a compõem, a probabilidade de sucesso aumenta **significativamente**. Para tanto, também será necessária a elaboração de políticas organizacionais favoráveis, sejam informais ou formais, com respectivas normas e padrões técnicos operacionais requeridos.

A documentação e a atualização do projeto de inteligência organizacional são de responsabilidade do comitê gestor. A documentação deve ser elaborada por meio dos recursos tecnológicos nos quais serão armazenados os novos dados oriundos ou não de novas variáveis internas ou externas, incluindo o registro histórico do andamento do processo. Também deverá disponibilizar informações dos resultados auferidos para a organização privada ou pública. Os *softwares* de planilha eletrônica e de gestão eletrônica de documentos podem ser utilizados.

O comitê gestor do projeto de inteligência organizacional deve ser constituído participativamente, de preferência consensualmente, e formalizado por meio de documentos internos e eventuais documentos legais. Por opção, pode ser relatado o perfil das pessoas do comitê gestor com indicadores individuais, tais como envolvimento, motivação e conhecimento de inteligência organizacional.

A autonomia matricial direcionada para a realização dos planos de ações da execução do projeto de inteligência organizacional é uma prerrogativa do comitê gestor.

5.1.4 **Integração com demais planos e projetos da organização**

A integração do projeto de inteligência organizacional com os demais planos e projetos da organização é relevante para que sua implantação e execução sejam bem-sucedidas, pois frequentemente são necessárias determinadas relações entre eles.

O comitê gestor deve identificar todos os planos e projetos em elaboração ou em execução na organização privada ou pública que têm relações diretas ou indiretas com o projeto de inteligência organizacional a ser implantado e executado.

O orçamento da organização deve receber atenção especial, pois nele serão incluídos os investimentos requeridos em recursos humanos e materiais para a execução do projeto ou subprojetos de inteligência organizacional. Tais investimentos precisam ser formalizados adequadamente para ser analisados, aprovados e acompanhados pelo comitê gestor e pelos demais gestores financeiros da organização. Para tanto, a viabilidade de objetivos, estratégias e ações dos subprojetos deve ser revisada e atualizada se for o caso. As organizações públicas, quando dependentes do Plano Plurianual (PPA), devem observar as relações entres os planos de ações e subprojetos do projeto de inteligência organizacional com os orçamentos-programas do PPA.

Outra integração relevante está relacionada com os projetos sistemas de informação e de tecnologia da informação da organização. Por duas razões principais esses temas merecem atenção especial: muitas ações dos subprojetos de inteligência organizacional dependerão desses recursos ou esses recursos se constituirão em estratégias da organização. Ainda que a organização não queira utilizar esses recursos, seus concorrentes ou competidores utilizam ou vão utilizar, e isso pode implicar um fracasso organizacional.

Eventuais planos isolados de recursos humanos, de operações da organização ou outros planos secundários também devem ser contextualizados nessa integração. Duplicidades de planos de ações devem ser evitadas.

5.1.5 Início da segunda versão do projeto

A segunda versão do projeto de inteligência organizacional, que contempla sua execução ou efetivação, requer que o projeto passe a ser um processo organizacional contínuo. Essa segunda e as demais versões compreendem a revisão de todas as fases do projeto de inteligência organizacional anteriormente elaborado.

O conceito de versões de projeto é análogo ao de edições de livros, ou seja, com base na versão anterior, atualiza-se a próxima versão. Essa atualização pode compreender inclusões, alterações, adequações, complementações e até retiradas de partes do projeto.

Depois de um período estabelecido de validação ou abrangência e de revisão, o projeto de inteligência organizacional precisa ser atualizado periodicamente. Dessa forma são geradas as respectivas versões que acompanharão eventuais mudanças e crescimentos da organização privada ou pública. Essas mudanças podem ser oriundas das mutações do meio ambiente interno, mas também das mutações do meio ambiente externo, o que geralmente não é controlado pela organização. Assim, o projeto de inteligência organizacional passa a ser um processo organizacional contínuo e em construção e reconstrução permanentes.

É de responsabilidade do comitê gestor a gestão das versões do projeto de inteligência organizacional, com ou sem utilizar conceitos e práticas de escritório de projetos e processos (ver Subseção 4.2.6).

5.2 Execução do projeto de inteligência organizacional

A execução do projeto de inteligência organizacional, parte da gestão da inteligência da organização, está relacionada com as atividades de efetivação desse projeto como um processo organizacional contínuo.

A execução pode ser do Projeto de *Organizational Business Intelligence* (OBI) como um todo ou de um ou mais subprojetos, como, por exemplo, o projeto de *software* de BI.

5.2.1 Efetivação da inteligência e alinhamento do processo estratégico

A efetivação e o alinhamento do projeto de inteligência organizacional pressupõem que ele deixou de ser um projeto e passou a ser um processo organizacional contínuo.

O inquestionável desafio de elaborar o projeto de inteligência organizacional deve, posteriormente, caracterizar-se como um processo dinâmico, sistêmico, coletivo e participativo para a determinação contínua de desafios, objetivos, estratégias e ações dos subprojetos. Dessa forma, gera também contínuas versões do projeto de inteligência organizacional.

A cultura da execução do projeto de inteligência organizacional permite que a organização crie, altere e ajuste objetivos, estratégias e ações dos subprojetos para seu sucesso. Dessa forma, os subprojetos tornam-se mais consistentes e permitem escolher e detalhar ações mais efetivas.

Tornar o projeto de inteligência organizacional um processo organizacional contínuo exige dedicação da organização na utilização do modelo e da metodologia adotados, dos instrumentos e dos procedimentos pertinentes, por meio dos quais esse projeto proporcionará decisões profícuas, facilitando e contribuindo com a inteligência da organização.

O alinhamento do processo estratégico integra objetivos, estratégias e ações dos subprojetos de inteligência organizacional e contempla as dimensões estratégica, tática ou gerencial e operacional. Requer um alinhamento vertical entre objetivos, estratégias e ações dos subprojetos e um alinhamento horizontal entre as funções organizacionais privadas ou públicas que contemple todas as áreas funcionais ou unidades departamentais da organização privada (divisões, departamentos, setores etc.) ou da organização pública (secretarias, diretorias, departamentos etc.).

As organizações inteligentes procuram alinhar o processo estratégico da organização com objetivos, estratégias e ações das pessoas da organização. Para tanto, a organização deve possibilitar clima organizacional e recursos estruturais para a conciliação e o alinhamento desses interesses, tanto nos processos operacionais quanto nos estratégicos.

O processo de inteligência organizacional, com respectivos pormenores, deve ser formalizado, disciplinado, realístico e factível sob a gestão do **comitê gestor (ou equipe multidisciplinar)**, evidentemente com a atuação efetiva e de liderança do patrocinador.

É provável que a efetivação e o alinhamento do projeto de inteligência organizacional exijam mudanças culturais, estruturais e de tecnologias na organização.

5.2.2 Agenda formal do comitê gestor

A agenda do comitê gestor deve ser formalizada pela alta administração e pelo corpo gestor da organização privada ou pública, constituindo-se em uma obrigação para os envolvidos na execução do projeto de inteligência organizacional.

O comitê gestor do projeto de inteligência organizacional deverá realizar reuniões de acompanhamento de objetivos, estratégias e ações dos subprojetos e eventuais ajustes. Como sugestão, o comitê gestor pode se reunir, por exemplo, na primeira segunda-feira de todos os meses como uma reunião colegiada. E, também, a qualquer momento diante de uma necessidade específica ou de mudanças significativas nas variáveis internas ou externas que influenciam os objetivos, as estratégias e as ações dos subprojetos.

A agenda formal compartilha os dados, as informações e os conhecimentos proporcionados pelo projeto de inteligência organizacional. Também compartilha o andamento e as eventuais mudanças de objetivos, estratégias e ações dos subprojetos e de objetivos e estratégias da organização. Esse acompanhamento sistemático motiva e envolve as pessoas a partir dos resultados auferidos e compartilhados entre todos.

A formalização das reuniões mensais fortalece a disciplina, a determinação, o foco e a obstinação das pessoas envolvidas no sucesso do projeto de inteligência organizacional. Esse momento formal, porém dinâmico, coletivo e participativo, permite avaliar os resultados das ações documentadas nos objetivos, nas estratégias e nas ações dos subprojetos, bem como as respectivas alternativas ou ações corretivas. A falta de uma agenda formal tem sido causa de fracasso da execução do projeto de inteligência organizacional.

5.2.3 Capacitação constante dos envolvidos

A capacitação constante dos envolvidos no projeto de inteligência organizacional, principalmente do comitê gestor e das pessoas que executarão as ações implantadas, é requisito essencial para o êxito desse projeto e de seus subprojetos.

A aquisição de competências para todas as pessoas envolvidas no projeto de inteligência organizacional deve ser fornecida antes que sejam executadas as ações implantadas por esse processo. Por exceção, determinadas capacitações podem se realizar no decorrer da execução do projeto de inteligência organizacional, conforme as necessidades. É relevante que todas as pessoas se sintam seguras na execução das ações provenientes do projeto de inteligência organizacional (ver Subseção 3.1.8).

O consenso nas atividades de inteligência organizacional e o trabalho coletivo comprometido são facilitados quando seus elaboradores estão capacitados.

Por opção, a organização pode ter um sistema de recompensas pelos resultados auferidos a partir da execução do projeto de inteligência organizacional. Tais recompensas não são só financeiras, podem ser obtidas por meio de outras capacitações, redução de tempo de trabalho dedicado à organização, alternativas de crescimentos pessoais ou profissionais e outras contrapartidas.

5.2.4 Revisão dos indicadores e resultados

A revisão dos indicadores e dos resultados do projeto de inteligência organizacional também deve ser um processo constante na organização privada ou pública.

As organizações privadas ou públicas devem determinar os indicadores que a execução do projeto ou subprojetos de inteligência organizacional deve atender.

Essencialmente, os indicadores são elementos formalizados por meio de números com valor agregado que representam informações para facilitar decisões ou para contribuir nas resoluções de problemas organizacionais. Definem medidas de desempenho das ações e dos resultados das pessoas da organização. Devem ser entendidos como variáveis desejáveis que agregam e quantificam dados e informações com significância aparente e útil, sejam qualitativos ou quantitativos. Podem ser sinônimos de informações operacionais, gerenciais e estratégicas.

Os indicadores alcançados devem ser comparados com os indicadores estabelecidos, sejam nos objetivos, nas estratégias ou nas ações dos subprojetos. Algumas organizações já formalizam seus indicadores em seus objetivos e outras preferem formalizar apenas nos planos de ações das estratégias da organização.

As comparações entre indicadores devem ser formalizadas, analisadas e geridas. Por opção, podem-se utilizar painéis de controles em documentos ou quadros ou, ainda, *softwares* específicos de indicadores com possibilidades ajustes ou de correções de desvios e de demonstrações em diferentes tecnologias, gráficos e cores.

Os resultados do projeto de inteligência organizacional também podem ser comparados com outros projetos, planejamentos, balanços, orçamentos, pesquisas, documentos e relatórios gerenciais utilizados pela organização. Além desses, as tendências do meio ambiente externo e respectivos cenários também podem ser instrumentos de comparação e revisão de indicadores e resultados.

Justificativas para o não alcance dos resultados projetados ou subprojetos frequentemente são inadequadas e requerem análise coletiva. As análises das eventuais justificativas devem ser documentadas e geridas com senso crítico pelo comitê gestor do projeto de inteligência organizacional.

Os indicadores e as informações revisados atualizam a base de dados do projeto de *software* de BI.

5.2.5 Gestão dos planos de ações

A gestão dos planos de ações dos objetivos e das estratégias do projeto e dos subprojetos de inteligência organizacional se constitui em uma das principais atribuições do comitê gestor do projeto de inteligência organizacional.

Quando da elaboração do projeto de inteligência organizacional, os planos de ações continham: ações ou atividades ou tarefas a serem elaboradas; responsáveis pelas ações; período ou tempo para realização das ações; e recursos necessários para realização das ações (ver Subseção 3.3.4). A execução do projeto de inteligência organizacional ainda pode conter mais uma coluna: indicadores e resultados a serem auferidos.

A formalização dos planos de ações dos objetivos e das estratégias dos subprojetos possibilita a integração entre tais objetivos e estratégias com as ações da organização. Permite também os eventuais ajustes necessários relativos a desvios ou correções. Igualmente, os recursos necessários para elaboração das ações devem estar assegurados no orçamento da organização.

Cada plano de ações pode ser equivalente a um projeto organizacional, caso já não seja a referida estratégia a origem de um projeto organizacional. Deve ter uma equipe multidisciplinar e, principalmente, um gestor do plano de ações. Cada gestor do plano de ações deve fazer parte do comitê gestor do projeto de inteligência organizacional como membro ou como cogestor.

As eventuais ações em andamento na organização devem ser inseridas ou ajustadas nos planos de ações dos objetivos e das estratégias dos subprojetos para sua realização em conjunto.

Os planos de ações podem ser afixados nas paredes ou nas salas de reuniões da organização para efeito visual ou, então, compartilhados e disponibilizados em seus computadores para acesso cotidiano.

Algumas ações ou atividades dos planos de ações podem ser permanentes, mas a maioria tem prazo determinado.

A seleção e prioridade da execução das ações relevantes e a determinação de seus responsáveis deve ser discutida e aprovada pelo comitê gestor. É preciso observar que podem existir ações iguais em diferentes planos de ações, mas que podem alterar o tempo total de sua elaboração, sejam ações sequenciais ou concomitantes. As ações relevantes são as que são exequíveis e trazem mais resultados efetivos para a organização. São ações possíveis as que a alta administração, o comitê gestor e as demais pessoas envolvidas podem realizar dentro das eventuais limitações da organização; para tanto, é relevante formalizar quais os resultados esperados ou produtos de cada plano de ações.

Ao observar que eventualmente um objetivo ou uma estratégia não será alcançado, não será elaborado, deve-se imediatamente formalizar ações corretivas para evitar ou minimizar erros e demais desgastes futuros. Também é de responsabilidade do comitê gestor a formulação de novos planos de ações, tanto para ajustes quanto para a nova versão do projeto ou subprojeto de inteligência organizacional.

Os planos de contingência, como recursos preparados para antecipar problemas, podem se constituir em alternativas para minimizar riscos e enfrentar eventuais dificuldades, reveses, infortúnios e insucessos na execução do projeto de inteligência organizacional.

5.2.6 Escritório e reuniões de projetos e processos

O escritório de projetos e processos é uma inteligente alternativa para a gestão integrada do projeto e do processo do projeto de inteligência organizacional, tanto para sua elaboração quanto para sua implantação e execução. Quem deve coordenar esse escritório é o comitê gestor.

Na recomendação do *Project Management Institute* (PMI®), uma unidade departamental pode ser um escritório de projetos ou *Project Management Office* (PMO) que centraliza e gere todos os projetos da organização sob seu domínio. O PMO também pode ser chamado de *escritório de gerenciamento de programas*, *escritório de gerenciamento de projetos* ou *escritório de programas*. Faz a gestão de projetos, programas ou sua combinação.

Concentra-se no planejamento, na priorização e na execução coordenados de projetos e subprojetos vinculados aos objetivos da organização. Podem operar de modo contínuo, desde o fornecimento de funções de apoio à gestão de projetos na forma de treinamento, *software*, políticas padronizadas e procedimentos até a gestão direta e a responsabilidade pela realização dos objetivos do projeto. Pode também receber uma autoridade delegada para atuar como parte interessada integral e um importante tomador de decisões durante o estágio de iniciação de cada projeto, pode ter autoridade para fazer recomendações ou pode encerrar projetos para manter a consistência dos objetivos organizacionais. Além disso, o PMO pode estar envolvido na seleção, na gestão e na realocação, se necessário, das pessoas compartilhadas do projeto e, quando possível, das pessoas dedicadas exclusivamente ao projeto (PMBOK, 2000).

Na maioria das organizações, os processos não são geridos pelo escritório de projetos, pois tais processos já deixaram de ser projetos propriamente ditos. Nesse caso, o escritório de processos está mais direcionado para as atividades do comitê gestor que será responsável pelos processos de execução do projeto de inteligência organizacional.

A gestão dos projetos e dos processos da organização pode levar em conta as diferentes e múltiplas fases e áreas ou abordagens (ver Seção 1.7). Também devem identificar, elaborar e disseminar metodologias, melhores práticas, normas e padrões técnico operacionais de gestão de projetos, políticas e procedimentos, modelos e outras documentações compartilhadas do projeto, banco de aconselhamentos para gestores de projetos, monitoramento de prazos, controle de custos, indicadores de qualidade, produtividade, efetividade e inteligência de projetos etc.

Os projetos e processos organizacionais podem contemplar um objetivo da organização, uma estratégia da organização ou, ainda, um ou mais objetivos, estratégias e ações dos subprojetos formalizam um tempo determinado para sua execução. Podem também contemplar processos sem tempo determinado para sua execução, ou seja, processos permanentes.

Os sistemas de informação e os recursos da tecnologia da informação devem ser instrumentos de suporte e apoio tecnológico para as realizações das ações e para a execução de todo o projeto de inteligência organizacional.

As reuniões de inteligência são fundamentais para a realização dos projetos ou subprojetos de inteligência organizacional. As organizações inteligentes disponibilizam fisicamente um espaço para sala de reuniões de inteligência ou reuniões estratégicas onde serão elaboradas reuniões com tempo reduzido, por exemplo, de 9, 19 ou 29 minutos. Na sala de reuniões de inteligência, são disponibilizadas folhas de papel, canetas e pranchetas para fixar a pauta de reunião e fazer a respectiva ata das decisões no verso da folha da pauta de reunião (a prancheta pode ser substituída por um computador *tablet* sem internet). Um relógio digital com cronômetro ajuda a controlar o tempo da reunião de inteligência. Não são disponibilizadas na sala de reuniões de inteligência: mesas; cadeiras; telefones; cafés; e outros itens supérfluos tomadores de tempo e de desvio de foco. Assim, as reuniões de inteligência são realizadas com os componentes em pé, focadas na pauta e ata, com otimização de tempo e de resultados.

Destacam-se os processos de execução do projeto de inteligência organizacional: objetivos, estratégias e ações dos subprojetos; gestão do plano de trabalho da equipe do projeto; gestão de fornecedores; gestão de subprojetos ou subprocessos específicos. Todos esses projetos e demais processos organizacionais exigem novamente a elaboração da Fase 0 de projetos (ver Seção 3.1).

A existência e a efetividade de um escritório de projetos e processos para a execução do projeto de inteligência organizacional é a melhor estratégia para o sucesso desse projeto.

5.2.7 Contribuições para inteligência organizacional

Os resultados da execução do projeto de inteligência organizacional devem efetivamente contribuir com a inteligência da organização privada ou pública.

Para executar a inteligência organizacional como um modelo de gestão, é preciso elaborar, integrar e gerir diferentes subprojetos desafiadores.

Um subprojeto implantado e executado sem a vinculação com os conceitos e os preceitos da inteligência organizacional pode ser considerado um projeto trivial, inadequado, inócuo e desnecessário.

Todos os projetos da organização e todos os subprojetos de inteligência organizacional, incluindo o projeto de *software* de BI, devem constantemente contribuir com a inteligência da organização, efetivando sua gestão estratégica de modo diferente do comum, do convencional, do trivial, do simples e do básico.

Referências

ALBRECHT, K. Um modelo de inteligência organizacional. **HSM Management**, n. 44, maio/jun. 2004.

ANDREWS, K. R. **The Concept of Corporate Strategy**. Homewood, III.: Richard D. Irwin, 1980.

BARZELAY, M. **The New Public Management**: Improving Research and Policy Dialogue. Regents of the University of California. California: Ucpress, 2001.

CERTO, S.; PETER, P. **Administração estratégica**: planejamento e implantação da estratégia. São Paulo: M. Books, 1993.

COSTA, E. A. **Gestão estratégica**. São Paulo: Saraiva, 2007.

DENHARDT, R. B.; DENHARDT, J. V. The New Public Service: Serving Rather than Steering. **Public Administration Review**, Washington, v. 60, n. 6, p. 549-559, Nov./Dec. 2000.

DIXIT, A. K.; NALEBUFF, B. J. **Pensando estrategicamente**: a vantagem competitiva nos negócios, na política e no dia-a-dia. São Paulo: Atlas, 1994.

DORNELAS, J. C. A. **Empreendedorismo**: transformando ideias em negócios. Rio de Janeiro: Campus, 2001.

DRUCKER, P. **Inovação e espírito empreendedor**: prática e princípios. São Paulo: Pioneira, 1987.

GARDNER, H. A Multiplicity of Intelligences. **Scientific American Presents: Exploring Intelligence**, v. 9, n. 4, p. 19-23, 1998.

HALAL, W. E. Organizational intelligence: what is it, and how can Managers use it? **Fourth Quarter**, n. 9, webpage 1, strategy-business.com, 1997.

JONES, L. R.; THOMPSON, F. Um modelo para a nova gerência pública. **Revista do Serviço Público**, v. 51, n. 1, p. 41-79, 2000.

KAPLAN, R. S.; NORTON, D. P. Using the Balanced Scorecard as a Strategic Management System. **Harvard Business Review**, v. 76, 1996.

KROENKE, D. **Management Information Systems**. São Paulo: McGraw-Hill, 1992.

LEMOS, E. **O que é inteligência empresarial**. Elisa Lemos Editorial. Disponível em: <www.elisalemos.com.br/editorial/oque_intelig.html>. Acesso em: 24 jul. 2002.

MARINI, C. **Gestão pública**: o debate contemporâneo. Salvador: Fundação Luis Eduardo Magalhães, 2003.

MATIAS-PEREIRA, J. **Governança no setor público**. São Paulo: Atlas, 2010.

MATSUDA, T. Organizational Intelligence: it's Significance as a Process and a Product. In: INTERNATIONAL CONFERENCE ON ECONOMICS / MANAGEMENT AND INFORMATION TECHNOLOGY, 1992, Tokyo. **Proceedings...**

MEIRELLES, H. L. **Direito administrativo brasileiro**. 32. ed. São Paulo: Malheiros, 2006.

MENDES, J. **Manual do empreendedor**: como construir um empreendimento de sucesso. São Paulo: Atlas, 2009.

MINTZBERG, H.; AHLSTRAND, B.; LAMPEL, J. **Safári de estratégia**: um roteiro pela selva do planejamento estratégico. Porto Alegre: Bookman, 2000.

MOURA, I. J. **Planejamento estratégico simples e criativo**: em ambiente de administração estratégica e qualidade total. Curitiba: CRIE!!! ideias & estratégias, 1998. Notas prévias de aula.

NOLAN, R. L. Managing Information Systems by Committee. **Harvard Business Review**, v. 60, n. 4, 1982.

OLIVEIRA, D. P. R. **Planejamento estratégico**: conceito, metodologia e práticas. 14. ed. São Paulo: Atlas, 1999.

OSBORNE, D.; GAEBLER. T. **Reinventing Government**: how the Entrepreneurial Spirit is Transforming the Public Sector. Reading, MA: Addison-Wesley, 1992.

PMBOK 2000 – Project Management Institute, 2000. **A Guide to the Project Management Body of Knowledge**. PMI Standard. CD-ROOM.

PORTER, M. E. **Competitive Strategy**. New York: The Free Press, 1990.

REZENDE, D. A. **Alinhamento do planejamento estratégico da tecnologia da informação ao planejamento empresarial**: proposta de um modelo e verificação da prática em grandes empresas brasileiras. 278 f. Tese (Doutorado em Administração de Produção) – Universidade Federal de Santa Catarina, Florianópolis, 2002.

REZENDE, D. A. **Engenharia de software e sistemas de informação**. 3. ed. Rio de Janeiro: Brasport, 2005.

REZENDE, D. A. **Inteligência organizacional como modelo de gestão em organizações privadas e públicas**: guia para projeto de Organizational Business Intelligence – OBI. São Paulo: Atlas, 2015.

REZENDE, D. A. **Planejamento de estratégias e informações municipais para cidade digital**: guia para projetos em prefeituras e organizações públicas. São Paulo: Atlas, 2012.

REZENDE, D. A. **Planejamento de sistemas de informação e informática**: guia prático para planejar a tecnologia da informação integrada ao planejamento estratégico das organizações. 4. ed. São Paulo: Atlas, 2011.

REZENDE, D. A. **Planejamento estratégico público ou privado com inteligência organizacional**: guia para projetos em organizações de governo ou de negócios. Curitiba: InterSaberes, 2018.

REZENDE, D. A. **Sistemas de informações organizacionais**: guia prático para projetos em cursos de administração, contabilidade e informática. 5. ed. São Paulo: Atlas, 2013.

REZENDE, D. A.; ABREU, A. F. **Tecnologia da informação aplicada a sistemas de informação empresariais**: o papel estratégico da informação e dos Sistemas de Informação nas empresas. 9. ed. São Paulo: Atlas, 2013.

SANTOS, C. S. **Introdução à gestão pública**. São Paulo: Saraiva, 2006.

SAPIRO, A. Inteligência empresarial: a revolução informacional da ação competitiva. **Revista de Administração de Empresas**, São Paulo, v. 33, n. 3, p. 106-124, maio/jun.1993.

VASCONCELLOS, M. A. S. **Economia**: micro e macro. 3. ed. São Paulo: Atlas, 2003.

VIGODA, E. From Responsiveness to Collaboration: Governance, Citizens, and the Next Generation of Public Administration. **Public Administration Review**, Washington, v. 62, p. 527-541, Sept./Oct. 2002.

WEITZEN, H. S. **O poder da informação**. São Paulo: M. Books, 1994.

WILENSKY, H. **Organizational Intelligence**: Knowledge and Policy in Government and Industry. New York: Basic Books, 1967.

WRIGHT, P.; KROLL, M. J.; PARNELL, J. **Administração estratégica**: conceitos. São Paulo: Atlas, 2000.

Sobre o autor

Denis Alcides Rezende tem pós-doutorado em Cidade Digital Estratégica (*Strategic Digital City*) (2014) pela DePaul University – School of Public Service, de Chicago (EUA) e em Administração (2006) pela Faculdade de Administração, Economia e Contabilidade da Universidade de São Paulo (FEA-USP). É doutor em Engenharia de Produção (2002) pela Universidade Federal de Santa Catarina (UFSC); mestre em Informática (1999) pela Universidade Federal do Paraná (UFPR); especialista em Magistério Superior (1993) pela Universidade Tuiuti do Paraná (UTP); graduado em Administração de Empresas (1992) pela Faculdade de Plácido e Silva (Fadeps) e em Processamento de Dados (1986) pela Associação Educacional União Tecnológica do Trabalho da Faculdade de Ciências e Tecnologias do Paraná (UTT-Facet-PR). Atua com administração, estratégia, informação e gestão da tecnologia da informação desde 1980 e, desde 2002, com projetos de inteligência de organizações privadas e públicas (*organizational business intelligence*); também atua com atividades didáticas desde 1986 – atualmente leciona na Pontifícia Universidade Católica do Paraná (PUCPR) no Doutorado e no Mestrado em Gestão Urbana e na graduação, bem como em MBAs de outras instituições brasileiras. É pesquisador bolsista produtividade do Conselho Nacional de Desenvolvimento Científico e Tecnológico (CNPq) em Cidade Digital Estratégica desde 2013, com projetos em mais de 300 cidades nacionais e internacionais. Foi analista sênior e gerente em indústrias, comércio, banco e organizações de serviços. Foi consultor da BDO International; Visiting Professor (Strategic Digital City) – Chaddick Institute for Metropolitan Development – School of Public Service – DePaul University – Chicago (USA), de maio de 2013 a março de 2016; e Project Coaching, Professor and Thesis Evaluator – Steinbeis University – School of International Business and Entrepreneurship – Alemanha, de fevereiro de 2015 a maio de 2016. É autor de 16 livros e coautor de 9 livros de inteligência organizacional, planejamento estratégico, sistemas de informação, tecnologia da informação e cidade digital estratégica (somando mais de 80 mil exemplares vendidos) e autor de mais de 350 artigos científicos publicados, tanto nacionais quanto internacionais. Desenvolve consultoria de projetos de inteligência organizacional, planejamento estratégico de organizações privadas e públicas, planos municipais, sistemas de informação, cidade digital estratégica e gestão da tecnologia da Informação desde 1995 pela 9D Consultoria em Informação, Estratégia e Inteligência Organizacional, com projetos acadêmicos e de consultoria em cidades brasileiras e de outros países.

Outros livros do autor publicados pela InterSaberes:
- Planejamento estratégico público ou privado com inteligência organizacional: guia para projetos em organizações de governo ou de negócios (2018)
- Cidade digital estratégica além da *Smart City*: guia para projetos de cidades inteligentes (2024)

Os papéis utilizados neste livro, certificados por instituições ambientais competentes, são recicláveis, provenientes de fontes renováveis e, portanto, um meio **respons**ável e natural de informação e conhecimento.

FSC
www.fsc.org
MISTO
Papel | Apoiando o manejo florestal responsável
FSC® C103535

Impressão: Reproset